Hans Michael Engelke

Biker Betten
Motorrad Reisebuch

PIEMONT LIGURIEN TOSKANA

auf dem Motorrad entdecken

WWW.ENGELKE.TV

Hans Michael und Angelika Engelke sind begeisterte Motorradjournalisten und Fotografen.

Das Piemont, Ligurien, die Toskana und die Marken – für Kiki, die beste Sozia der Welt, und mich gehören diese Regionen Italiens zu den schönsten Motorrad-Revieren jenseits der Alpen. Hier gibt es alles, was zum Gelingen einer unvergesslichen Motorradtour beiträgt: faszinierende Landschaften und fantastische Bergstraßen, spannende Pässe und traumhafte Küstenstraßen mit Blick auf das Mittelmeer und die Adria.

Obwohl wir seit Jahren in diesen Regionen unterwegs sind, entdecken wir dort immer wieder Neues. Und auch wenn wir schon das eine oder andere Mal in der gleichen Ecke unterwegs waren, so wirken Landschaften und Reiserouten im Wechsel der Jahreszeiten doch auch immer wieder ganz anders. Ob Frühjahr, Sommer oder Herbst, jeder dieser Jahresabschnitte hat seinen ganz besonderen Reiz. Wenn es zu Hause noch schneit oder eiskalte Nebelschwaden durchs Land ziehen, leuchten in Italien bereits die ersten bunten Blüten und die Sonnenstrahlen wärmen schon. Kündigt sich in Deutschland der Winter an, lassen sich jenseits der Alpen noch angenehm warme Tage in herrlichen Landschaften und auf grandiosen Routen verbringen.

Ob auf schroffen Passstraßen im Südwesten des Piemonts, auf den aussichtsreichen Küstenstraßen Liguriens oder den sanft gewellten Landstraßen der Toskana, ob im engen Kurvengewurstel des italienisch-französischen Grenzgebirges oder auf den romantischen Inselstrecken Elbas, überall finden sich in den vier Regionen fabelhafte Highlights dicht an dicht – da muss man nicht lange suchen. Nur in wenigen anderen Ecken Europas liegen sie alle so dicht beieinander.

Land für Entdecker

Je nach Lust und Laune, Zeit und Jahreszeit, lassen sich alle in diesem Band beschriebenen Regionen auch problemlos miteinander kombinieren. Wie wäre es mit dem Einstieg über den Lago Maggiore? Dann geht‘s hinunter in den Süden des Piemonts und mit einem Abstecher über den ligurischen Grenzkamm an die Gestade des Mittelmeers. Noch nicht genug? Dann auf in die Provinz La Spezia im östlichen Ligurien. Dort wartet der Küstenstreifen der Cinque Terre auf Entdecker und die Toskana öffnet sich in ihrem Norden. Doch damit noch nicht genug. Die für viele Reisende noch gänzlich unbekannte Region Marken mit der historischen Landschaft Montefeltro und ihren vielen Festungen und Bergdörfern will erobert werden. Und wer für all das keine Zeit hat, der macht halt einfach nur den Norden des Piemonts unsicher und hebt sich all die anderen Höhepunkte für spätere Reisen auf – aufgeschoben ist bekanntlich nicht aufgehoben.

Regionen zum Verlieben

Piemont, Ligurien, Toskana und die Marken nur auf ihre Motorradstrecken und Landschaften zu reduzieren wäre jedoch ein heftiger Fauxpas. Es sind auch die vielen anderen Versuchungen und Reize, die uns in die obere Hälfte Italiens locken. Idyllische Bergdörfer mit urigen Gassen und einladenden Plätzen, unzählige Altstädte, in denen es sich herrlich bummeln lässt, wehrhafte Burgen und trutzige Festungen, die sich besichtigen lassen, locken uns ebenso wie das kulinarische Angebot, die leckeren Weine und nicht zuletzt der sympathische, meist offene und kommunikative Menschenschlag, der es dem Besucher so einfach macht, sich in diese reizvollen Regionen einfach zu verlieben. Wir kennen kaum jemanden, der nach dem ersten Besuch nicht erneut mal wieder hierher gekommen wäre.

Noch ein Tipp: Italienisch ist keine schwere Sprache. Einige wenige Worte öffnen Türen und Herzen und sind nicht schwer zu erlernen. Aber auch wenn es mit der verbalen Verständigung nicht so klappt, wir haben uns immer willkommen gefühlt und stets gab man sich Mühe, unsere Wünsche zu verstehen und zu erfüllen. Egal wo, es hat immer geklappt!

Umso mehr würden Kiki und ich uns freuen, wenn wir mit diesem Band dem einen oder anderen Motorradreisenden nun den Norden Italiens schmackhaft machen können. Gerne möchten wir unsere positiven Erfahrungen und Eindrücke teilen und mit unseren Tipps und Vorschlägen zum Gelingen einer tollen Motorradtour beitragen. Die Resonanz auf unser erstes Italien-Buch über das Trentino, die Dolomiten und Südtirol war sehr positiv und es wäre klasse, wenn wir das mit diesem Band fortsetzen könnten. Und auch dieses mal, wenn dieses Buch erscheint, stecken wir bereits in der Arbeit für den nächsten Italien-Band. Er wird von Sardinien handeln.

Schaut auch mal auf unsere Internetseite **www.engelke.tv**. Es wäre toll, wenn wir uns vielleicht ja mal irgendwo unterwegs auf den Straßen Europas treffen könnten!

Bis dahin, eine gute Reise und viel Vergnügen in der oberen Hälfte Italiens,

Hans Michael und Angelika Engelke

LA SOC.
AGRICOLA
BARDI
SALUTA IL

Lausanne
E27
nève
Sion
E62
E35
2
E43
Chamonix-Mont-Blanc
1
Bellinzona
Lugano
rtville
E25
5
8
9
Monza
Bergamo
Novara
E25
4
26
Milano
4
Brescia
E70
32
E62
7
1
E35
21
Mantova
Torino
21
Piacenza
22
Alessandria
3
26
7
Parma
E45
6
2
E62
E31
Reggio nell'Emilia
Cuneo
15
Genova
E74
Savona
E80
12
6
10
La Spezia
4
5
Nice
E80
Sanremo
Monaco
E54
Pr
11
Cannes
Pisa
Livorno
8
12
10
Bastia

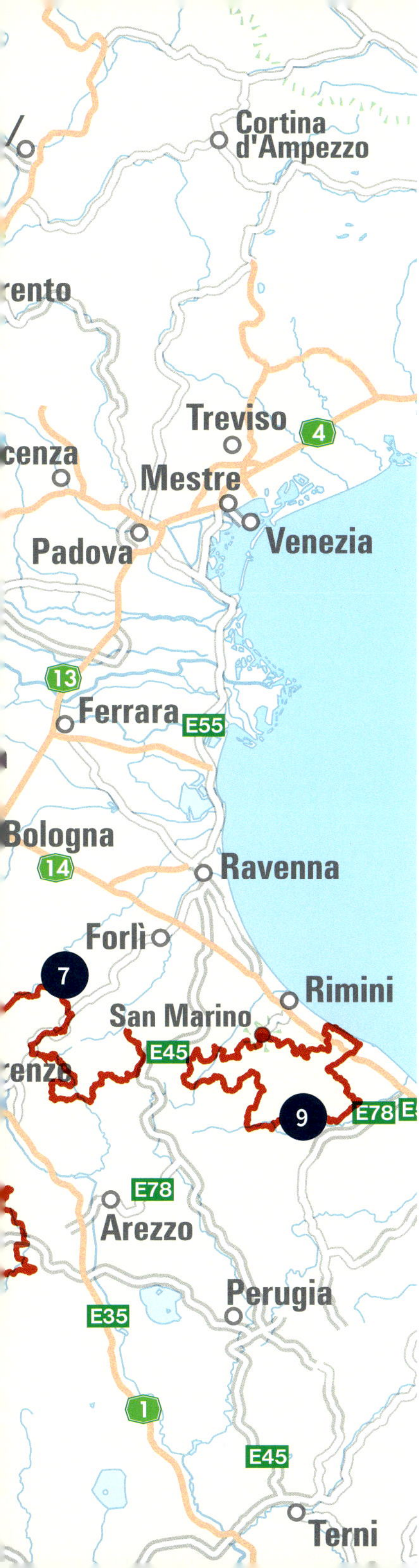

1 DER LAGO MAGGIORE

2 IM SÜDOSTEN DES PIEMONT

3 IM SÜDEN DES PIEMONT

4 LIGURIEN - IMPERIAS WESTEN

5 LIGURIEN – IMPERIAS OSTEN

6 LIGURIENS OSTEN

7 EMILIA-ROMAGNA UND TOSKANA

8 TOSKANA

9 DIE MARKEN

10 ELBA

Arai

Entlang der **Traumküste**

Die Küstenstraßen zwischen Rapallo und Lévanto bieten nicht nur reichlich Fahrspaß, sondern auch fantastische Panoramen und Ausblicke aufs Meer.

GPS 44.341239, 9.247793 (Rapallo),
GPS 44.173162, 9.606018 (Levanto)

Kehren **ohne Ende**

Der spannende Abstecher über den Colle di Tenda an der piemontesischen Grenze ist nicht nur seiner 46 Kehren wegen ein unvergessliches Erlebnis.

GPS 44.149600, 7.561847

Die Hügel **der Toskana**

Die liebliche, sanft bergige Landschaft der Toskana lädt zu grandiosen Touren zwischen urigen Dörfern, bildschönen Alleen und unendlichem Grün.

GPS 43.455295, 11.026889

Benvenuto al paradiso

Willkommen im Paradies – treffender kann man es kaum beschreiben. Diese Regionen sind das Paradies für reisende Motorradfahrer.

Das Piemont liegt im Nordwesten Italiens an der Grenze zur Schweiz und nach Frankreich. Es ist die größte der 20 Regionen des italienischen Festlands, lediglich die Insel-Region Sizilien ist noch größer. Innerhalb Italiens grenzen in erster Linie Ligurien und die Lombardei an das Piemont. Geografisch gliedert sich das Piemont in drei Teile: die zentrale flache Po-Ebene, die Alpenregion im Norden mit dem Lago Maggiore und der bergige Südosten an der Grenze zu Frankreich. Die beiden letzteren sind fantastische Motorrad-Reviere und für unzählige spannende Touren gut. Kein Wunder, schließlich gehören rund 43 Prozent des Piemonts zur Alpenregion. Weitere 30 Prozent sind Hügelland, das hauptsächlich landwirtschaftlich und touristisch genutzt wird. Hier gedeihen unter anderem köstliche Weine wie der bekannte Barolo.

Ligurien grenzt an den Süden des Piemonts und zieht sich in einem Küstenstreifen entlang des Ligurischen Meeres von der französischen Grenze im Westen bis etwa nach La Spezia im Osten, wo es in die Toskana übergeht. Im Nordosten hat es eine gemeinsame Grenze mit der Emilia-Romagna. Die Küstenregion ist flächenmäßig die drittkleinste der italienischen Regio-

Fantastische Strecken, tolle Panoramen: das Paradies!

nen. Liguriens Hauptstadt ist Genua, westlich liegt die Riviera di Ponente, östlich die Riviera di Levante. Geographisch wird Ligurien in seinem Norden von zwei Gebirgsketten begrenzt. Westlich liegen die Alpi Marittime, die Ligurischen Alpen, mit dem höchsten Berg der Region, dem 2200 Meter hohen Monte Saccarello. Im Osten ragt der Appennino Ligure, der Ligurische Apennin in den Himmel. Die durchgängig gebirgige Küstenregion gilt als Motorrad-Paradies par excellence.

Die Toskana ist die drittgrößte Region des Festlandes und zählt zu Mittelitalien. Sie liegt am Ligurischen Meer, grenzt im Norden an die Emilia-Romagna, im Süden an Umbrien und Latium. Eine kurze Grenze verbindet sie mit den Marken. Die Hauptstadt der Toskana ist Florenz. Als bedeutende Kulturlandschaft ist die Toskana vor allem durch ihre hügelige Landschaft mit Säulenzypressen, Olivenbäumen und mächtigen Weinbaugebieten bekannt. Zudem liegen in der Toskana gut eine Million Hektar Wald. Im toskanisch-emilianischen Apennin liegt der höchste toskanische Berg: der 2054 Meter hohe Monte Prado. Zu Toskana gehört auch Elba, die drittgrößte Insel Italiens. Die Toskana verfügt zwar auch über spektakulare Bergstrecken, hauptsächlich will sie jedoch mit Muße entdeckt werden. Hier kann man mit dem Motorrad auf unvergleichliche Entdeckungsreisen gehen.

Die mittelitalienische Region Marken ist unverdientermaßen hierzulande wenig bekannt. Sie gehört zu den kleineren Regionen und liegt zwischen dem Apennin und der Adria. Sie grenzt im Norden an die Emilia-Romagna, im Westen an Umbrien und im Süden an die Abruzzen. In ihrem Norden liegt die Republik San Marino, Hauptstadt ist Ancona. Auch die Marken gliedern sich geographisch in drei Gebiete. Östlich laufen die Marken in die flachen Küstenebenen aus.

Bildschöne Zypressen-Alleen: die Toskana, wie sie im Buche steht.

Kurvenreiche Nebenstrecken warten zwischen einladenden Bergdörfern.

Zentral liegt das sehr interessante Hügelland, unter anderem mit der historischen Landschaft des Montefeltro und seinen unzähligen Kastellen und altehrwürdigen Orten. Im Osten der Marken liegen zwei Gebirgsketten, der Umbrisch-Markesische Apennin mit dem 2476 Meter messenden Monte Vettore und darunter der Abruzzische Apennin. Die Marken überzeugen mit herrlichen Hügelstrecken, auf denen es sich hervorragend motorradwandern und genießen lässt.

GESCHICHTE

Die Geschichte der vier Regionen Piemont, Ligurien, Toskana und Marken ist ziemlich komplex und zum Teil auch sehr unterschiedlich. Es würde den Rahmen dieses Buches sprengen, sie im Einzelnen wiederzugeben. Deshalb hier nur ein kurzer Abriss durch die Neuzeit nach dem Mittelalter.

Im 16. Jahrhundert kämpften Frankreich und Spanien um die Vormachtstellung in Italien. Das einst so glorreiche Italien hatte selber immer weniger zu vermelden. Nach dem Italienfeldzug krönte sich Napoleon 1805 als König von Italien. Nach seinem Ende hatte das österreichische Kaiserreich großen Einfluss. Nach drei Unabhängigkeitskriegen gelang 1870 die Vereinigung Italiens; Rom wurde ein Jahr später Hauptstadt. Im ersten Weltkrieg trat Italien auf die Seite der „Entente" und verbündete sich mit Frankreich, Großbritannien und Russland. Nach deren Sieg annektierte das Königreich Italien Julisch-Venetien, Istrien, das Trentino sowie Südtirol.

Nach der Machtergreifung im Jahr 1922 durch Mussolini band sich Italien im weiteren Verlauf an das Deutsche Reich und trat 1940 an der Seite Deutschlands und Japans in den Zweiten Weltkrieg ein. 1943 fügten die

Alliierten im Rahmen des Italienfeldzuges dem Land schwere Niederlagen zu, worauf es zur Absetzung Mussolinis und zu einem Waffenstillstand mit den Alliierten kam.

Die deutsche Wehrmacht marschierte daraufhin in Italien ein, befreite Mussolini und setzte ihn wieder ein. Norditalien wurde von deutschen Truppen besetzt und erklärte dem von Alliierten besetzten Teil Italiens den Krieg. Die süditalienische Regierung erklärte nun ihrerseits wiederum Deutschland den Krieg, der noch weitere anderthalb Jahre dauern sollte. Im Mai 1945 kapitulierte Deutschland dann endgültig vor den Alliierten.

GESCHICHTEN ZUR REGION – CINQUE TERRE

Es gibt nicht wenige Menschen, die bezeichnen den ligurischen Küstenstreifen der Cinque Terre an der italienischen Riviera als den beeindruckendsten Küstenabschnitt dieser Welt. Das mag etwas weit hergeholt klingen, aber wir meinen, da ist etwas dran. Zwischen Punta Mesco und Punta di Montenero thronen fünf Fischerdörfer auf den Klippen hoch über dem Meer, die ihresgleichen suchen. Cinque Terre bedeutet „fünf Orte", und es sind gerade mal 7 000 Einwohner, die sich hier tummeln. Seit 1997 gehören die scheinbar unzugänglichen Klippen zum Weltkulturerbe der UNESCO und nichts darf seitdem hier verändert werden. Das ist auch gut so, denn schöner kann es nicht werden.

Monterosso al Mare, das älteste Dorf, Vernazza, Corniglia, Manarola und Riomaggiore präsentieren sich auch heute noch fast so, wie sie im Mittelalter existierten. Verbunden sind sie durch die spektakuläre Bahnstrecke, die in die Felsen geschlagen wurde. Und grandiose Wanderwege schlängeln sich durch die Cinque Terre. Anreise mit dem Motorrad? Nur zum Teil! Schon seit über zehn Jahren sind motorisierte Fahrzeuge aus den fünf Orten verbannt. Nur Riomaggiore und Manarola können via Straße erreicht

Cinque Terre: unvergleichlich und unvergesslich.

werden. Das ist auch gut so, der Verkehrskollaps wäre vorprogrammiert.

Wir empfehlen den Besuch dennoch dringend: Die Cinque Terre sind ein unvergleichliches Erlebnis, ein wenig Bewegung tut gut, die Fahrt mit der Bahn ist spannend und nur so lassen sich auch die im Verlauf von 1500 Jahren entstandenen terrassierten Gärten und Felder erkunden, die so in ihrer Art tatsächlich einmalig auf der Welt sind.

Ausführliche Infos gibt es unter **www.cinqueterre.a-turist.com** sowie **www.cinqueterre.eu.com** im Internet. GPS 44.275850, 9.397149 (Bahnhof Sestri Levante), GPS 44.111190, 9.812776 (Bahnhof La Spezia).

KULINARISCHES

Es ist kein Geheimnis: In Italien versteht man zu Essen. Mit regionalen Zugaben und Spezialitäten werden üppige Abendmahle gezaubert, deren Geschmack noch lange in Erinnerung bleibt. Natürlich darf es auch eine leckere Pizza mit einem frischen Salat sein oder ein aromatisches Nudelgericht mit frischem Käse. Aber ab und an sollte man sich auch ein gutes italienisches Menü gönnen. Prima Tipps und Empfehlungen erhält man meist vor Ort, einfach mal in der Unterkunft fragen. Und dann darf es losgehen mit den Antipasti, den Vorspeisen. Wie wäre es mit hausgemachten Bruschetta, dem gegrillten Brot mit verschiedenen Belägen wie zum Beispiel Tomaten mit Knoblauch oder Schinken? Gebratene Oliven, Mozzarella mit Tomaten, Schinken auf Honigmelone, Carpaccio, gratinierte Miesmuscheln – die Auswahl ist riesig, lecker ist alles.

Ravioli: nur eine der unzähligen italienischen Köstlichkeiten.

Primo, der erste Gang – zur Auswahl stehen meist Pasta, Gnocchi oder Risotto. Der ligurische Klassiker ist Pasta con Pesto, dazu Parmesan aus der Region. Im Piemont lockt das Risotto al Barolo, zubereitet mit dem köstlichen Wein aus eben dem Barolo. In der Toskana locken Nudeln mit Wildschweinsoße – unbedingt probieren! Treibt man sich an der Küste herum, empfehlen sich als Primo die Spaghetti alle Vongole, also mit Muscheln. Oder wie wäre es mit Pasta ai Frutti di Mare, Pasta mit Meeresfrüchten?

Secondo, der zweite Gang, kommt mit Fleisch, Fisch und Gemüse. Natürlich dürfen es auch Fritto Misto di Mare sein, die gebratenen, gemischten Meeresfrüchte. Gefüllte Artischocken, Hähnchenfleischgerichte wie das Zitronenhuhn, das köstliche Saltimbocca, ein gebratenes Kalbsschnitzel mit Schinken und Salbei stehen unter anderem zur Auswahl. Eines leckerer als das andere.

Saisonales Obst aus der Region wäre als Nächstes an der Reihe. Formaggi, also Käse, sind eine Alternative, die Auswahl ist meist reichlich und die örtlichen Spezialitäten sollte man unbedingt mal durchprobieren. Natürlich dürfte man nun auch zu den Dolci greifen, den süßen Nachspeisen. Und

nein, es muss nicht immer Tiramisu sein, obwohl das aus Venetien stammende Dessert in Italien natürlich tausendmal besser schmeckt. Unbedingt probieren: Panna Cotta mit Karamell oder Schokolade! Ein richtiger Leckerbissen ist Zabaione, die luftige Weinschaumcreme und die ursprünglich aus Sizilien stammende Spezialität Cassata, eine köstliche Schichttorte ist inzwischen auch in Nord- und Mittelitalien angekommen. Das ein solchermaßen fulminantes Mahl in Italien mit einem starken, gesüßten Espresso

Auf dem Wochenmarkt wird's meist richtig lecker.

und zumindest noch mit einem Grappa abgeschlossen wird, versteht sich von selbst.

Natürlich hat jede der in diesem Buch vorgestellten Regionen auch ihre eigenen Spezialitäten, auf die sie besonders stolz ist. Da wären zum Beispiel die Trüffelgerichte und die Schokoladen des Piemont, welches auch mit den Barolo-Weinen auftrumpft. Die Toskana brilliert mit goldenem Olivenöl und deftigen Wildschweingerichten, dazu Steinpilze oder Kastanien. Natürlich gehört auch der Chianti aus dem gleichnamigen Weinbaugebiet dazu – er macht immerhin fast ein Drittel der gesamten Toskana aus. Ligurien überzeugt mit herrlichen Canestrelli, den köstlichen Keksen, oder mit der Lasagne al Pesto, einer speziellen Lasagne, die mit Pesto genovese, statt mit Hackfleisch zubereitet wird. Die Küche der Marken spiegelt wieder, was das Land hergibt: Knoblauch, Fenchel, frische Gemüse, Nüsse und Pilze, Wild, Kaninchen und vor allem Trüffel, entlang der Küste gibt es frische Fische und Meeresfrüchte satt. ◂

Zwischen **Berg und See**

Es ist kein Geheimnis, dass sich auf den abwechslungsreichen Uferstraßen rund um den zweitgrößten italienischen See vortrefflich reisen lässt – es gibt dort viel zu entdecken. Gleich drei spannende Abstecher führen von den Seeufern hinauf in die umliegenden Ausläufer der Alpen und halten auch für Freunde der kurvenreichen Bergstrecken jede Menge Abwechslung bereit.

Aussichtsreiche Strecken umrunden den Lago Maggiore.

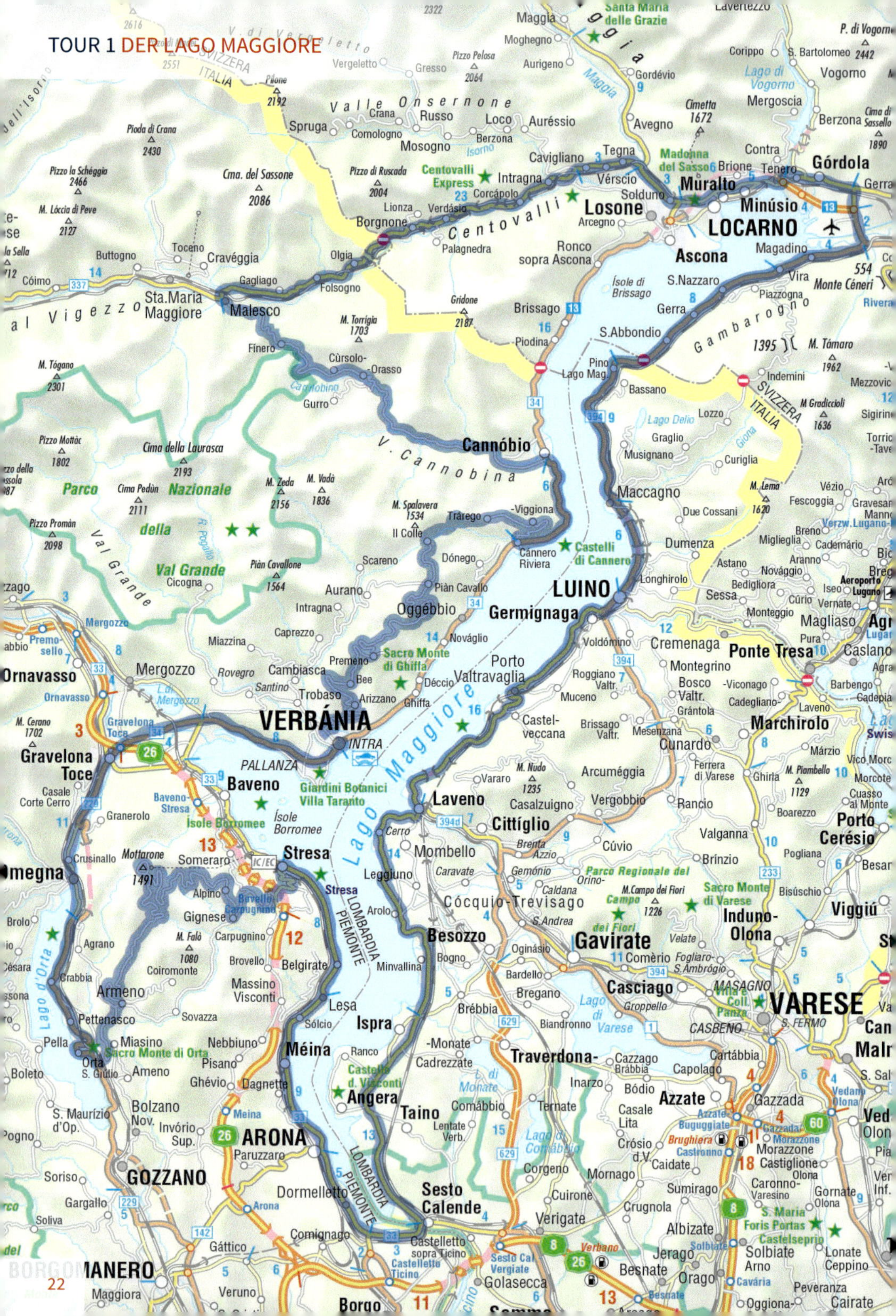

LOCARNO
Muralto
Minúsio
Górdola
Tenero
Ascona
Losone
Magadino
Vira
Brissago
S.Abbondio
Gerra
Piazzogna
Gambarogno
Centovalli
Centovalli Express
Intragna
Corcápolo
Verdásio
Borgnone
Palagnedra
Valle Onsernone
Spruga
Crana
Russo
Comologno
Mosogno
Loco
Berzona
Auréssio
Cavigliano
Tegna
Vérscio
Solduno
Madonna del Sasso
Ronco sopra Ascona
Arcegno
Ísole di Brissago
Monte Céneri
Avegno
Gordévio
Maggia
Mergoscia
Contra
Brione
Lago di Vogorno
Vogorno
Corippo
S. Bartolomeo
Santa Maria delle Grazie
Moghegno
Aurigeno
Vergeletto
Gresso
Pizzo Pelosa
Cimetta
Olgia
Folsogno
Gagliago
Malesco
Sta.Maria Maggiore
Val Vigezzo
Craveggia
Toceno
Buttogno
Cóimo
Fínero
Cùrsolo-Orasso
Gurro
Cannóbio
V. Cannobina
Trarego
Viggiona
Cánnero Riviera
Castelli di Cannero
Il Colle
Dónego
Scareno
Aurano
Intragna
Piàn Cavallo
Oggébbio
Caprezzo
Miazzina
Nováglio
Premeno
Sacro Monte di Ghiffa
Bee
Déccio
Arizzano
Ghiffa
Cambiasca
Trobaso
Santino
Rovegro
Mergozzo
Lago di Mergozzo
Ornavasso
Premosello
Gravelona Toce
Casale Corte Cerro
VERBÁNIA
INTRA
PALLANZA
Baveno
Giardini Botanici Villa Taranto
Isole Borromee
Stresa
Granerolo
Baveno-Stresa
Someraro
Mottarone
Alpino
Gignese
Carpugnino
Brovello
Belgirate
Massino Visconti
Lesa
Sólcio
Méina
Nebbiuno
Pisano
Ghévio
Dagnette
ARONA
Paruzzaro
Dormelletto
Comignago
Gáttico
GOZZANO
Omegna
Crusinallo
Agrano
Crabbia
Armeno
Pettenasco
Miasino
Sacro Monte di Orta
Orta
S. Giulio
Ameno
Pella
Boleto
Bolzano Nov.
Invório Sup.
S. Maurizio d'Op.
Soriso
Gargallo
Soliva
BORGOMANERO
Maggiora
Veruno
Borgo
Parco Nazionale della Val Grande
Val Grande
Cicogna
Lago Maggiore
LOMBARDIA
PIEMONTE
LUINO
Germignaga
Maccagno
Pino Lago Mag.
Bassano
Lago Delio
Graglio
Musignano
Curiglia
Dumenza
Due Cossani
Porto Valtravaglia
Castelveccana
Laveno
Cerro
Mombello
Leggiuno
Arolo
Cittíglio
Caravate
Besozzo
Minvallina
Ispra
Ranco
Castello d. Visconti
Angera
Taino
Sesto Calende
Castelletto sopra Ticino
Cócquio-Trevisago
Gavirate
Lago di Varese
Casciago
VARESE
Induno-Olona
Ponte Tresa
Marchirolo
Cunardo
Cremenaga
Montegrino
Porto Cerésio
Viggiú
Azzate
Gazzada
Castiglione Olona
Traverdona
Lago di Monate
Lago di Comabbio
Mornago
Sumirago
Albizate
Jerago
Solbiate Arno
Besnate
Golasecca
Verigate
Parco Regionale del Campo dei Fiori
Sacro Monte di Varese
SVIZZERA
ITALIA
M. Támaro
M. Lema
Indemini
Lugano
Magliaso
Agno
Caslano

TOUREN-STECKBRIEF

BASISORT

Premeno (45.975106, 8.591341)

LÄNGE DER TOUR

ca. 270 km

DAUER DER TOUR

8 Stunden

ROADBOOK

Premeno, Monte Spalavera, Viggiona, Cannobio, Santa Maria Maggiore, Locarno, Luino, Laveno-Mombello, Sest Calende, Arona, Stresa, Il Mottarone, Orta San Giulio, Lago d'Orta, Omegna, Lago di Mergozzo, Verbania, Premeno

HIGHLIGHTS

Neben den Küstenstraßen sind natürlich die Abstecher in die Berge drei echte Highlights:

Von Premeno nach Viggiona geht es gleich unter dem Monte Spalavera entlang (46.035534, 8.625583).

Sehr spektakulär und auch anspruchsvoll ist die Route von Cannobio über Santa Maria Maggiore (46.127606, 8.497820) bis nach Locarno (46.162665, 8.783120).

Viel Spaß macht auch der Abstecher an den Lago d'Orta (45.829619, 8.395309) und an den Lago di Mergozzo (45.960478, 8.467139).

Und bitte nie die Badehose vergessen!

Panorama vom Feinsten am Monte Pian Bello.

Das kleine Premeno, hoch über dem Lago Maggiore in den Bergen des Piemont gelegen – und nur nach einer wahren Kurvenorgie zu erreichen – ist der ideale Ausgangspunkt für diese abwechslungsreiche Berg- und Seentour um den zweitgrößten See Italiens. Gestärkt nach einem leckeren Frühstück mit reichlich Cappuccino und Vitaminen im einladenden Hotel Moderno machen Kiki und ich uns auf die Reifen. Schon nach wenigen Minuten liegen die letzten Häuser Premenos hinter uns, und auf der am frühen Morgen noch völlig leeren Strada Cadorna schlängeln wir uns oberhalb des Lago Maggiore durch den dichten, grünen Wald.

Wie ein Stroboskop blitzt die aufgehende Sonne aus dem Osten durch die Äste und ab und zu öffnet sich der Bewuchs ein wenig und wir können die ersten herrlichen Blicke auf die dunkelblaue Wasserfläche tief im Tal genießen. Ein Eichhörnchen wetzt kurz vor dem Vorderrad unserer BMW über den Asphalt, scheinbar der einzige Frühaufsteher außer uns. Etwas lebhafter geht es wenige Kilometer weiter an einem plätschernden Brunnen zu. Einige Waldarbeiter füllen dort ihre Wasserkanister auf. Mein Einwand, dass das Schild „acqua non potabilizzata“ am Brunnen eher gegen die Trinkbarkeit spricht, wischen sie mit einer Handbewegung auf Seite und kosten demonstrativ von dem kühlen Nass. Okay, überzeugt, wir füllen

auch unsere Wasserflasche und weiter geht's.

Wir passieren den Pass Il Colle in rund 1250 Metern Höhe zu Füßen des Monte Spalavera und rollen bald an einem spektakulären Aussichtspunkt unterhalb des Monte Pian Bello

aus. Hier parken schon einige Autos mit Fahrradträgern; das umliegende Bergland ist ein beliebtes Mountainbike- und Wander-Revier. Der Blick von hier oben auf den See und das gegenüber liegende Luino mit den Bergen des italienisch-schweizerischen Grenzgebirges ist wirklich grandios. Bei Trarego windet sich der Asphalt über knackige Serpentinen wieder steil hinunter ins Tal. Das in den See hineinragende Cannero Riviera erblicken

Frisches Trinkwasser stärkt vor steilen Anstiegen.

Jede Menge Wald am Monte Spalavera.

wir von oben wie aus einem landenden Flugzeug. Immer größer wird der interessante Ort rechts unter uns und bald haben wir die SS34, die Uferstrecke des Lago Maggiore erreicht.

Nur eine knappe handvoll Kilometer folgen wir ihr in nordöstlicher Richtung, dann biegen wir schon wieder auf die nächste Bergstraße ab. Es geht auf der Strada Provinciale 75 in Richtung Santa Maria Maggiore.

Auf in die Schweiz

Nun folgen knapp 30 Kilometer Kurvenspaß durch waldiges Bergland, vorbei an kleinen, verschlafenen Dörfchen, einsamen Höfen und dichtem Grün. Zwar müssten wir bei Malesco, kurz vor Santa Maria Maggiore, rechts in Richtung Schweiz abbiegen, aber wir wollen dem rührigen Bergstädtchen noch einen Besuch abstatten. In den urigen Gassen der Altstadt decken wir uns mit frischem Brot und heimischen Käse ein und gönnen uns noch einen tiefschwarzen, starken Espresso, bevor wir schließlich den Weg zurück zum Lago Maggiore einschlagen.

Tolle Aussichten im Centovalli.

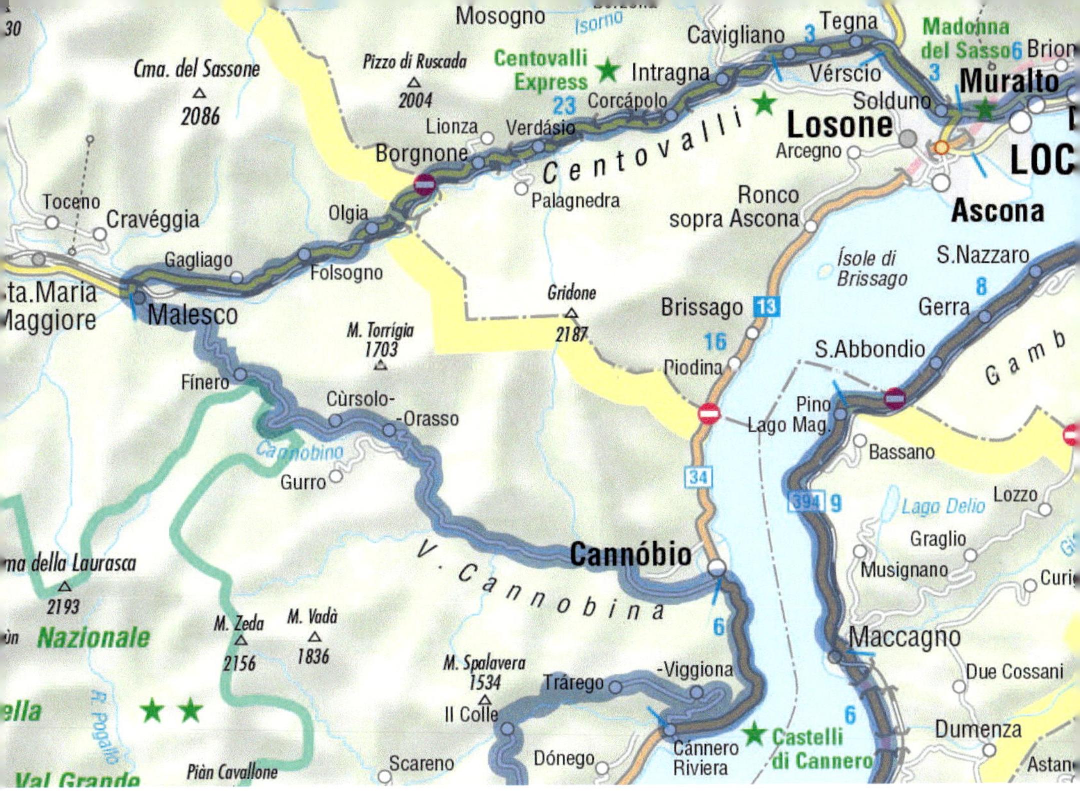

Der führt uns keine zehn Kilometer später hinüber in die Schweiz und damit in das Tessiner Tal Centovalli. Umgeben von bildschönen Zweitausendern, geleitet uns das einst als Kaminfegertal bezeichnete Tal des Bergbachs Melezza hinunter ans Seeufer ins mondäne Locarno. Einen traurigen Ursprung hat dieser alte Name des Centovalli: Bittere Armut herrschte in der Region vor einigen hundert Jahren und so waren nicht wenige Familien gezwungen, ihre Kinder als Spazzacamini, als Kaminfegergehilfen in reichere Regionen zu verkaufen. Diese gefährliche Arbeit bezahlten viele der Kinder mit dem frühen Tod. Mit ihrem später verfilmten Roman „Die schwarzen Brüder“ setzte die deutsche Schriftstellerin Lisa Tetzner den Jungen ein spätes Denkmal.

Locarno, die zweitgrößte Stadt des Tessins, empfängt uns mit quirligem Trubel. Kein Wunder, die malerische Stadt mit ihrem mediterranen Flair lebt vom Tourismus. Heute wol-

Blick wie aus dem Flieger bei Cannero Riviera.

Idylle pur: kleiner Hafen in Feriolo.

len wir aber lieber beim Moppedfahren bleiben. Wir nehmen uns vor, später nochmals durch den spannenden Wallfahrtsort mit seiner interessanten Altstadt, dem Kastell und der Piazza Grande zu bummeln und umrunden zügig das nördliche Ende des Lago. Ab Vira verläuft die Via Cantonale 2 stetig am Seeufer entlang, um rund zehn Kilometer später als Strada Statale SS394 wieder zurück nach Italien zu führen. Für echte Bergfexe bietet sich als alternative Strecke dazu die Bergstraße SP5 von Vira nach Maccagno an. Bei Maccagno liegt auch die schmalste Stelle des Lago Maggiore, die hier gerade mal 1700 Meter breit ist, in der Seemitte liegt die Grenze zwischen der Lombardei und Piemont.

Auf dem Markt

Bald erreichen wir Luino, die größte Stadt am Ostufer des Sees. Weit über die Grenzen der Lombardei hinaus ist die Gemeinde am Ufer des Flusses Tresa, der Verbindung zwischen

Lago Maggiore und Lago di Lugano, für ihren Wochenmarkt bekannt. Jeden Mittwoch gibt es hier nichts, was es nicht gibt. Frische Lebensmittel und Spezialitäten der Region, Kleider und Blumen werden ebenso offeriert wie Küchengeräte und Schuhe, Stoffe und Kosmetik. Antiquitäten und Trödel, ja sogar Tiere wechseln in dem bunten Treiben zwischen 9 und 16 Uhr ihre Besitzer. Restaurants, Pizzerien und Bars sind gut besucht, Parkplätze kaum zu finden. Wohl dem, der mit dem Motorrad anreist, das lässt sich immer irgendwo abstellen.

Fähre gefällig?

Weiter geht es gen Süden. Bei Laveno-Mombello pendelt die Fähre quer über den See. Rein theoretisch könnten wir hier nach Verbania übersetzen und unsere See-Runde im gleich nebenan lie-

Bei Laveno geht's mit der Fähre über den See.

Ein grandioses Panorama bietet der Il Mottarone.

genden Premeno beenden. Das wollen wir aber natürlich nicht, schließlich wartet noch der Süden des Lago Maggiore und zwei weitere Seen auf uns.

Italienischer Fahrstil

Mit dem quirligen Sesto Calende haben wir dann auch bald das Südende erreicht. Hier fließt der Ticino, der Fluss Tessin aus dem Lago ab, um später südöstlich von Pavia in den Po zu münden. In Sesto Calende ist immer etwas los: Zahlreiche Läden warten im Zentrum auf Besucher. Wer hungert, findet ein großes Angebot in den Restaurants und Bars der Stadt, zahlreiche Sehenswürdigkeiten wie das Oratorium oder die doppelte Eisenbrücke von 1868 locken ebenso wie das große Folkfestival und das spektakuläre Feuerwerksfestival.

Ab Sesto Calende führt uns die SS33 erneut gen Norden. Oft direkt

Immer einen Besuch wert ist Porto Valtravaglia.

Rund um den Lago gibt's Berge satt.

entlang des Ufers geleitet sie uns nach Stresa. Nicht immer lässt sich dieser Streckenabschnitt zügig befahren. Vor allem in der Hauptsaison ist hier bisweilen viel los. Das muss mit dem Motorrad aber nicht unbedingt ein Problem sein. Wer sich ein bisschen am raumgewinnenden Fahrstil der italienischen Rollerfahrer orientiert, kommt dann auch weitaus zügiger voran als der gemeine Autofahrer. Un-

Kirche in Vira – für die kleine Andacht zwischendurch.

EXTRA-TIPP

SIMPLONPASS UND LÖTSCHBERGTUNNEL Keine schlechte Idee für die Heimreise aus dem Norden des Piemonts ist sicher die Fahrt über den Simplonpass und die anschließende kurze und originelle Eisenbahn-Verladung durch den Lötschbergtunnel. Nach der grandiosen Naturkulisse rund um den 2006 Meter hohen Simplonpass vorbei am fast 4000 Meter hohen vergletscherten Fletschhorn geht es nach Brig zu Füßen des Großen Aletschgletschers. Von da sind es nur ein paar Minuten bis Goppenstein. Dort pendelt im 30-Minuten-Rythmus der Zug durch den 15 Kilometer langen Eisenbahntunnel nach Kandersteg. Motorräder werden in den Seitentüren in einer Art Gepäckwagen deponiert. Dann geht es los – fast wie U-Bahn fahren mit dem Motorrad unter dem Arm. Der 15-minütige Spaß kostet 19 Euro inkl. Fahrer und Sozia.

Simplonpass (46.246035, 8.025128),
Verladung Goppenstein (46.368873, 7.755008)

sere Erfahrung: Niemand beschwert sich über Zweiradfahrer, die sich an der Kreuzung nach vorne mogeln oder die eine oder andere Lücke zum Überholen nutzen. Dass man dabei aber eine gewisse Vorsicht walten lassen sollte und es nicht übertreiben darf, sollte allerdings eine Selbstverständlichkeit sein. Ein Auge sollte man auch auf die gelben „Blitzkästen" am Straßenrand haben. Diese sind zwar nicht immer, aber manchmal mit Kameras bestückt und wer dann den Bogen überspannt, bekommt nachträglich teure Urlaubspost nach Hause geschickt.

In Stresa, dem interessanten Kurort, der nicht zuletzt in Ernest Hemingways tragischem Roman „In einem andern Land" Erwähnung findet, drehen wir eine Runde durch den Ort. Durch die frühe Anbindung an die Bahnlinie Paris-Mailand und den Simplon-Orient-Express blühte schon früh der Tourismus und entsprechend viel ist auch heute noch hier los. Eine Runde motorisiertes Sightseeing gönnen wir uns, dann folgen wir den Schildern zum Mottarone, dem Hausberg Stresas. Der fast 1500 Meter hohe Monte Mottarone ist auch via Seilbahn zu erreichen und bietet eine grandiose Sicht auf die umliegende Region. Für eine kleine Maut lässt er sich auch über eine Privatstraße erreichen. Klar, dass wir uns das nicht entgehen lassen. Auch die anschließende Bergab-Passage hinunter an den Lago d'Orta macht richtig Spaß.

See Nummer drei

Aller guten Dinge sind bekanntlich drei, also gönnen wir uns noch als dritten und letzten See auf dieser Runde den Lago di Mergozzo. Der kleine Bergsee gilt als einer der saubersten Seen Europas; Motorboote sind hier grundsätzlich nicht erlaubt. Auf der P54 gönnen wir uns noch ein paar idyllische Blicke aufs Wasser, dann nehmen wir endgültig wieder Kurs auf Premeno. Quer durch die Provinzhauptstadt Verbania mit ihren interessanten Gärten und Parks steuere ich die BMW über die kurvenreiche SP55 hinauf und bald trudeln wir wieder in Premeno ein, wo wir heute morgen diese abwechslungsreiche und kurzweilige Seenrunde starteten. ◂

INFOS ZUR TOUR

CHARAKTERISTIK

Diese Tour um den zweitgrößten See Italiens bietet jede Menge Abwechslung. Gut ausgebaute Panoramastrecken am Seeufer wechseln sich mit engen, kurvenreichen Bergstrecken ab.

PÄSSE DER TOUR

Klassische Pässe gibt es auf dieser Route nicht. Der „Il Colle“ am 1534 Meter hohen Monte Spalavera könnte jedoch als solcher durchgehen. Ähnliches gilt für den Monte Mottarone (1355 Meter).

ÜBERNACHTUNG

Hotel Moderno
via Tresoldi Lorini 1, I-28818 Premeno
Sehr freundlicher Familienbetrieb, Altbauvilla mit schönem Gartenpark und Terrasse.
www.hotelmoderno.biz/de
GPS 45.975052, 8.591312

Hotel Primavera
Via Costa di Dentro 19, CH-6614 Brissago
Ansprechendes Hotel mit Seeblick, Garten und Liegewiese, Garage für das Motorrad, Restaurant.
www.primavera-hotel.com
GPS 46.123097, 8.711453

Camping Village Isolino
Via per Feriolo, 25 I-28924 Fondotoce di Verbania
Bestens ausgestatteter Platz in toller Lage.
www.isolino.it
GPS 45.939257, 8.497329

KOMBINATIONSMÖGLICHKEITEN

Diese Tour liegt im Norden des Piemont. Sie bietet sich daher unmittelbar vor oder nach den südlichen Piemont-Touren dieses Bandes (2 und 3) an. Vielfahrer hängen an diese Runde noch einen Abstecher an den Lago di Lugano an.

Tolle **Grenz-erfahrung**

Der äußerste Südosten des Piemont an der Grenze zur ligurischen Provinz Savona ist ein echter Geheimtipp. Hier führen noch weitgehend unbekannte Pässe über herrliche, dicht bewaldete Bergrücken und kurvenreiche Nebenstrecken mäandern zwischen urigen Dörfern hindurch. Der abschließende Abstecher zum wohlbekannten Colle di Tenda ist einfach ein Muss.

Pflichtbesuch: Auffahrt zum Colle di Tenda.

TOUREN-STECKBRIEF

BASISORT
Cuneo (44.387052, 7.537653)

LÄNGE DER TOUR
ca. 310 km

DAUER DER TOUR
8 Stunden

ROADBOOK
Cuneo, Peveragno, Chiusa di Pésio, Mondovì, Pamparato, Garéssio, Erli, Toirano, Bardineto, Calizzano, Ceva, Murazzano, Dogliani, Magliano Alpi, Morozzo, Cuneo, Limone Piemonte, Colle di Tenda, Limone Piemonte, Cuneo

HIGHLIGHTS
Die Ursprünglichkeit und die tolle Landschaft machen das Valle Casotto mit dem Pass Colla di Casotto zu einem der Höhepunkte dieser Route (44.216224, 7.945367).

Nicht weniger spannend ist der südlichste Punkt dieser Tour, das schöne Dörfchen Toirano (44.126457, 8.205991).

Das Kurven-Inferno und der ultimative Pass der Region – Colle di Tenda (44.149599, 7.561835).

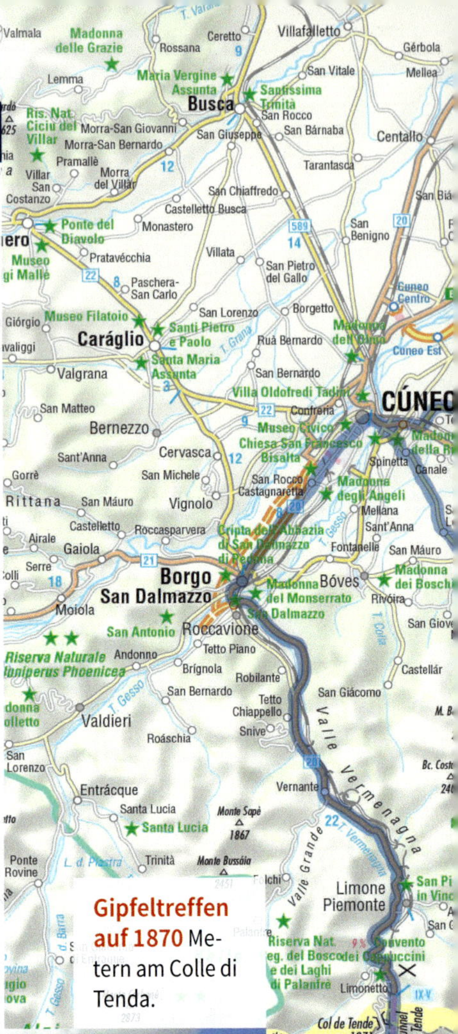

Gipfeltreffen auf 1870 Metern am Colle di Tenda.

Fossano
Trinità
Sant'Albano Stura
Magliano Alpi
Carrù
Dogliani
Bossolasco
Murazzano
Mondovì
Villanova Mondovì
Chiusa di Pésio
Ceva
Priero
Montezémolo
Millésimo
Nucetto
Scagnello
Bagnasco
Pamparto
Valle Casotto
Frabosa Soprana
Colle di S. Giácomo 1066
Col dei Giovetti 912
Calizzano
Garéssio
Colle S. Bernardo 957
Giogo di Toirano 807
Ormea
Colla di Casotto 1381
Colle di Nava
Colle Caprauna 1297
Pornássio
Pieve di Teco
Borghetto
Ortovero
Garlenda
Alássio
Laiguéglia
Albenga
Ceriale
Chiusánico
Chiussavécchia
Triora
Valle Tánaro
Valle Corsaglia
Santuario di Vicoforte
Castello di Casotto
Reggia di Valcasotto
Madonna della Neve
Grotta di Bossea
Grotte di Toirano
Museo etnografico
Rifugio Saracco
Colla San Bernardo 1263
Colle San Bartolomeo 620
Torre Civica sul Belvedere
Madonna delle Grazie
Castello di Triora
Croce di Praesto
Lago di Tenarda
Capo S. Croce
Capo Mele
Marina di Andora

Mitten in Cuneo, dem sympathischen Hauptstädtchen der gleichnamigen Provinz, liegt in der Via Pascal 7 das Büro der regionalen Touristik. Wer hier vorbeischaut, wird immer gut beraten und bekommt tolle Tipps. Klar, dass wir auch mal bei Tiziana und ihren freundlichen Kollegen anklopfen und uns schlau machen, was es denn so in der Region noch an weniger bekannten, aber dafür umso schöneren Ecken gibt. Glück muss man haben: Schnell geraten wir an einen motorradfahrenden Kollegen, der uns vom Valle Tanaro und dem Valle Casotto vorschwärmt, gleich an der Grenze zu Ligurien gelegen. Danke für diesen Tipp!

Hier mangelt es nicht an Kurven und Grün.

Und so sitzen wir eine Nacht später auf unserer Africa Twin, verlassen nach einem leckeren Frühstück Cuneo und düsen über wenig befahrene Nebenstrecken in Richtung Osten nach Mondovi. Hier herrscht geschäftiges Treiben. In der Neustadt unten am Fluss Ellero ist Markt. Prima, denken wir uns, da können wir uns ein bisschen fürs Picknick eindecken. Aber erst mal durchkommen – die wild geparkten Autos machen eine Spur komplett dicht. Aber wofür haben wir schließlich ein einspuriges Fahrzeug? Wir machen es den örtlichen Rollerfahrern gleich, und ruckzuck rollen wir auf der Straßenmitte an der Blechschlange vorbei.

Die „Hauptstraße" von Vernante führt am Stadtbrunnen vorbei.

Fantastische Aussichten

Oben in der Altstadt von Mondovi ist es wesentlich ruhiger, ja, geradezu beschaulich. Schattige Arkaden und ein einladendes Café an der Piazza Maggiore locken zur Pause. Für uns noch zu früh, wir sind auf der Suche nach dem Uhrenturm in dem kleinen Parco Belvedere, dem Torre Civica. Von ihm soll es eine fantastische Aussicht auf die Region geben. Das ist wahrscheinlich auch so, aber wir können sie nicht genießen. Das Schild an seiner Türe besagt, dass er nur sonntags geöffnet ist. Okay, dann eben heute nicht.

Zurück auf der Straße, steigen wir nach vier Kilometern gleich nochmal auf die Bremse. In Vicoforte lockt das sehenswerte Santuario. Von 1592 bis 1733 erbaut, protzt das mächtige Marienheiligtum mit einer gewaltigen Kuppel, die mit 75 Metern Höhe und 35 Metern Durchmesser als die größte Kuppel der Welt gilt – ein wirklich

Die Passstraßen des Piemont sind einfach ein Traum (Bild rechts).

beeindruckendes Bauwerk. Vicoforte entlässt uns schließlich in südlicher Richtung, hinein in die bergige Landschaft des Valle Casotto. Je höher wir kommen, umso mehr versteckt sich die Sonne hinter einem hellgrauen Wolkenschleier. Die Schwaden, die die Berghänge herunter wehen, geben der Landschaft etwas Mystisches. Zwischen den dicht bewaldeten Hängen ragen die terrakottafarbenen Dächer der kleinen Weiler und Dörfchen hervor. Wie in einer Achterbahn windet sich der Asphalt kurvenreich – mal in die Höhe und dann wieder hinunter – ins Tal eines der unzähligen namenlosen Bäche, die von den Gipfeln herunter plätschern.

Fast haben wir das Gefühl, hier ganz allein unterwegs zu sein. Nur gelegentlich kommt uns mal der eine oder andere sportlich in die Pedale tretende Radfahrer entgegen. Deren Ziel ist meist der 1381 Meter hohe Colla di Casotto, der bei Radlern und Mountainbikern gleichermaßen beliebt ist. Uns führt er nach Garéssio und damit auf die schon etwas mehr befahrene SP582. Das tut dem Fahrspaß keinen Abbruch. Hier reiht sich Kurve an Kurve, Kehre an Kehre. Über den eher unauffälligen Colle San Bernardo in 967 Metern Höhe geht es weniger Meter später dann hinüber nach

Einen Besuch wert ist das Santuario di Vicoforte mit seiner mächtigen Kuppel.

Legendär: Die 46 Kehren der Südrampe des Colle di Tenda.

AUTOREN-TIPP

WIMU MUSEO DEL VINO A BAROLO Nur etwa zehn Kilometer oberhalb der Tour liegt im Kastell von Barolo seit 2010 das innovative Weinmuseum WiMu. Dabei geht es nicht nur um die Herstellung der verschiedenen Weine der Region, sondern auch und besonders um die Geschichte des Weinbaus und Beziehung der Menschen zum edlen Tropfen. Dabei wird mit besonders fantasievollen Installationen und Methoden gearbeitet.

In der Enoteca zum Abschluss der Ausstellung lassen sich über 30 verschiedene Weine probieren und natürlich auch kaufen.

Auch beim anschließenden Bummel durch die Altstadt zu Füßen des Schlosses lassen sich köstlichen Weine in den zahlreichen Wein-Kellereien – von Sozias – verkosten.

GPS 44.610823, 7.943810

Ligurien. Schnell haben wir Castelvécchio di Rocca Barbena erreicht. Keine 150 Einwohner hat das kleine Nest zu Füßen des einstmals heiß umkämpften mittelalterlichen Castello dei Clavesana, aber nicht umsonst ist es Mitglied in der Vereinigung „I borghi più belli d'Italia“ (die schönsten Orte Italiens).

Wir lassen das Mopped am Ortsrand stehen und schlendern durch die wenigen kurzen und engen Gassen und Wege des historischen Dörfchens. Urige Gemäuer säumen die Gassen und direkt über uns ragt die Ruine der Festung in den Himmel. Es würde uns nicht wundern, wenn gleich eine

Die Burganlage von Castelvecchio di Rocca Barbena.

Horde Ritter ums Eck gesprengt käme, so authentisch und verwunschen wirkt dieser Flecken.

Zeit für Cappuccino

Wenig später folgen wir den Schildern nach Toirano. Hier im Hinterland der Ligurischen Riviera di Ponente liegt ein gewaltiges Höhlensystem mit rund 70 Tropfsteinhöhlen. Einige davon können besichtigt werden und locken jährlich viele tausend Besucher an. Von Toirano sind es gerade mal knappe fünf Kilometer bis an die Küste. Wir denken über einen Abstecher nach, steuern aber dann doch wieder lieber zurück in die Berge. Heute steht ja Motorradfahren auf dem Kalender und Badezeug haben wir sowieso nicht an Bord. Also nehme ich Kurs auf den 807 Meter hohen Pass Giogo di Toirano, der uns weiter gen Norden in Richtung Calizzano führt.

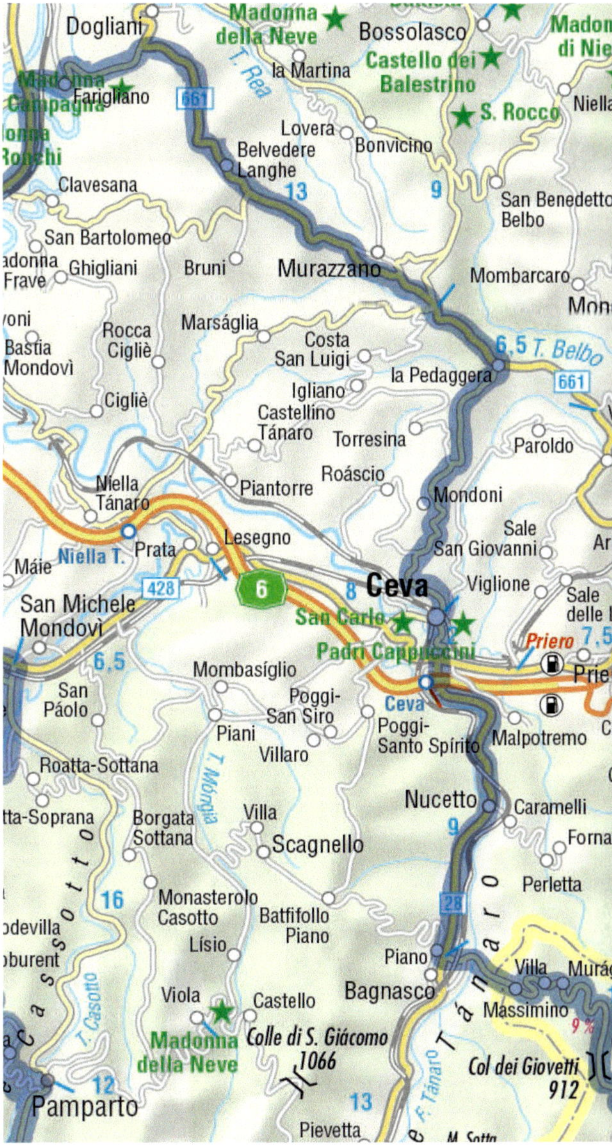

Dort fällt uns das einladende Straßencafé ins Auge, genau der richtige Ort für eine kleine Pause und einen aromatischen Cappuccino. Natürlich gönnen wir uns auch unser obligatorisches Picknick. Den idealen Platz dafür gibt es ganz in der Nähe des 912 Meter

Einfach schön: die Piemonteser Berge.

Pause im Caffè Torino.

hohen Colle dei Giovetti nur wenige Kilometer weiter.

Über Massimino, gleich an der Grenze zurück ins Piemont gelegen, erreichen wir bald das Städtchen Ceva. Mit seinem historischen Zentrum, einer großen Zahl sakraler Bauten, den Castellos und dem alten Stadttor ist es bei Ausflüglern beliebt. Hier überqueren wir den Fluss Tanaro und tauchen nördlich gleich wieder in die bergige Landschaft des südöstlichen Piemonts ein. Die Landstraßen führen uns sanft geschwungen zum nördlichsten Punkt der Tour und schließlich ins Flachland östlich von Cuneo. Vorbei an weiten Feldern und durch einige kleinere Orte hindurch erreichen wir schließlich wieder die Hauptstadt der gleichnamigen Provinz Cuneo.

In luftige Höhen

Hier könnten wir unsere heutige Runde beenden, wollen uns aber unbedingt noch eines der großen Highlights der Provinz Cuneos gönnen: den südlichsten der großen Alpenpässe, den spektakulären Colle di Tenda. Der liegt nur rund 35 Kilometer südlich von Cuneo. Schnell haben wir über die E74 dessen Nordrampe gleich hinter Limone Piemonte erreicht. Die ersten Kehren versprechen Gutes und führen uns bis kurz vor den Tunnelein-

gang des Col de Tende-Straßentunnels. Der wurde bereits 1882 eröffnet und war der erste Alpen-Straßentunnel überhaupt. Für uns ist er natürlich keine Option, also biegen wir kurz vorher rechts ab und folgen den unzähligen Kehren, die sich an der Nordflanke des Tende gen Himmel schrauben. Es wird immer anspruchsvoller, bald endet auch der Asphalt und die letzten Meter bis zum eigentlich Col in einer luftigen Höhe von 1871 Metern sind nur noch geschottert. Aber es lohnt sich: Der Ausblick von hier oben ist phänomenal. Der Pass ist übrigens auch der Einstieg in die vielen Abschnitte der legendären Ligurischen Grenzkammstraße, die besonders bei Offroad-Fahrern extrem beliebt ist.

Unser Plan, die spektakuläre, französische Südrampe des Tende mit ihren fantastischen, engen 48 Kehren zu befahren, wird kurz in Frage gestellt. Ein Felssturz versperrt den Schotterweg. Irgendwie können wir uns dann aber doch durch die Felsblöcke und Steine quetschen und diese fantastische Strecke genießen. Für diesen Teil

Grenzerfahrung von Ligurien ins Piemont.

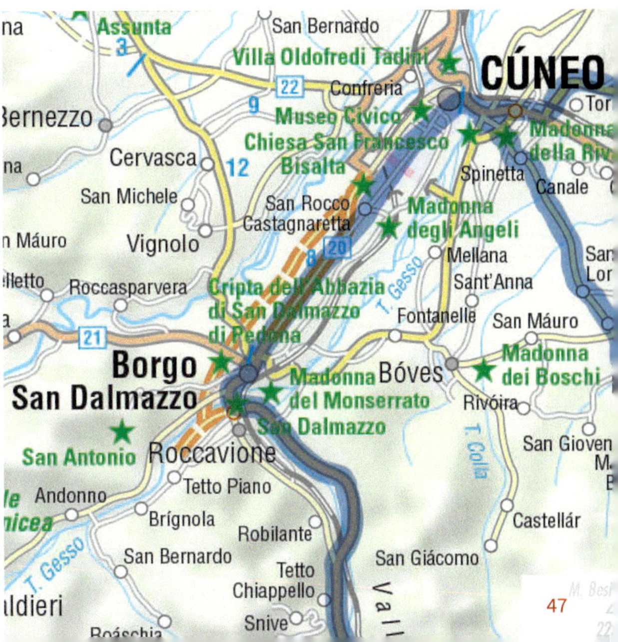

der Passstraße sollte jedoch schon ein gehöriges Maß an Erfahrung vorhanden sein. Zwar sind die Kehren nie so eng, dass man rangieren muss, aber auf dem losen Untergrund lässt es sich so einfach nicht fahren. Beherrscht man sein Motorrad gut, kommt man jedoch mit jedem Modell sicher ums Eck.

Tief im Tunnel

Unsere Erfrischung in einem der Cafés im französischen Ort Tende, nur wenige Minuten südlich, haben wir uns jetzt redlich verdient. Zurück ins Piemont düsen wir dann doch durch den Tunnel, dessen Ampel auch gerade Grün zeigt. Im 30 Minuten-Rhythmus wechselt die Fahrtrichtung in der gut drei Kilometer langen Röhre, die als Einbahnstraße betrieben wird. Bald sind wir dann auch zurück in Cuneo und trudeln auf unserem Campingplatz ein – um viele Erfahrungen und Eindrücke reicher. ◀

Am Tenda geht's auch ohne Asphalt.

INFOS ZUR TOUR

CHARAKTERISTIK

Diese Runde hat alles, was das Motorradfahrer-Herz begehrt: schnelle Etappen auf bestens ausgebauten Straßen, verwinkelte Bergsträßchen. Wer den Abstecher auf den Tende macht, darf sich über herausfordernde Schotterpiste freuen.

PÄSSE DER TOUR

Der 1381 Meter hohe Colla di Casotto eröffnet den Pässe-Reigen, bevor der eher unauffällige Colle San Bernardo in 967 Metern Höhe zur Grenze nach Ligurien führt. Zwischen der Küste und Calizzano liegt auf 807 Metern Höhe der Pass Giogo di Toirano und kurz vor der Grenze zurück ins Piemont geht es in 912 Metern Höhe über den Colle dei Giovetti. Die Krönung dieser Tour kommt am Schluss: der 1871 Meter hohe grandiose Colle di Tende hinüber nach Südfrankreich mit seinen 48 Kehren auf der Südseite – eine echte Herausforderung.

ÜBERNACHTUNG

Best Western Hotel Principe
Piazza Galimberti 5, I-12100 Cuneo
Mitten im historischen Zentrum von Cuneo gelegen, toller Service, sympathische Eigentümer, Garagen für Motorräder.
www.hotel-principe.it
GPS 44,389841, 7,548916

Hôtel du Centre
12 Place de la République, F-06430 Tende
Nur zwei Sterne, aber sehr nette Atmosphäre mit eigener Bar mitten im Zentrum, Garage.
www.hotel-du-centre-tende.fr
GPS 44.087629, 7.593685

Campeggio Bisalta
Via San Maurizio, 33, I-12100 Cuneo
Freundlicher Campingplatz nur wenige Minuten vom Zentrum Cuneos entfernt. Mit Pool.
www.cuneocamp.it
GPS 44.365570, 7.514442

KOMBINATIONSMÖGLICHKEITEN

Diese Route ist perfekt mit Tour 3 kombinierbar, da diese ebenfalls in Cuneo startet. Gleich südlich liegen die beiden Ligurien-Touren 4 und 5. Von hier aus lassen sich auch prima Touren in die französischen Seealpen fahren. Vielfahrer, die diese Route noch verlängern möchten fahren nach dem Tende weiter gen Süden bis in die Schluchten des Roya bei Saorge oder bis Sospel.

Aller guten Pässe sind drei

Die einladende Provinzhauptstadt Cuneo ist der Ausgangspunkt für eine kurzweilige Runde durch den Süden des Piemont. Durch das spannende Valle Stura führt die aussichtsreiche Strecke über die Grenze nach Frankreich und durch das hochalpine Grenzgebirge wieder zurück in das Valle Varaita – eine anspruchsvolle Tour für echte Genießer.

Entdeckungstour am Fluss Guil vor Château-Queyras.

TOUREN-STECKBRIEF

BASISORT
Cuneo (44.387052, 7.537653)

LÄNGE DER TOUR
ca. 270 km

DAUER DER TOUR
9 Stunden

ROADBOOK
Cuneo, Borgo San Dalmazzo, Demonte, Vinadio, Pietraporzio, Argentera, Colle della Maddalena, Meyronnes, Col de Vars, les Claux, Vars, Guillestre, Château-Queyras, Colle dell' Agnello, Chianale, Lago di Castello, Valle di Bellino, Sampeyre, Colle di Sampeyre, Melle, Costigliole Saluzzo, Busca, Cuneo

HIGHLIGHTS
Das sind natürlich die drei grandiosen Pässe dieser Tour und ihre Rampen: Colle della Maddalena (4.421783, 6.898461), Col de Vars (44.538982, 6.702666) und Colle dell'Agnello (44.684030, 6.979652).

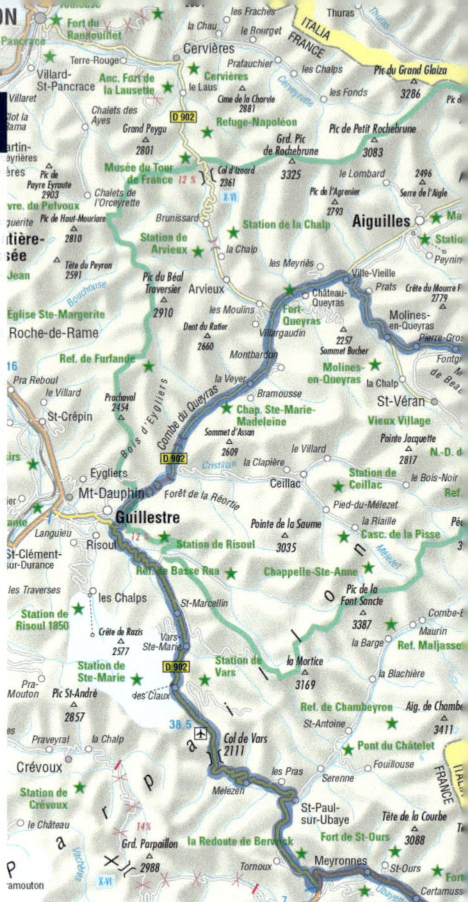

Der Col de Vars überrascht manchmal bis in den Frühsommer mit Schnee.

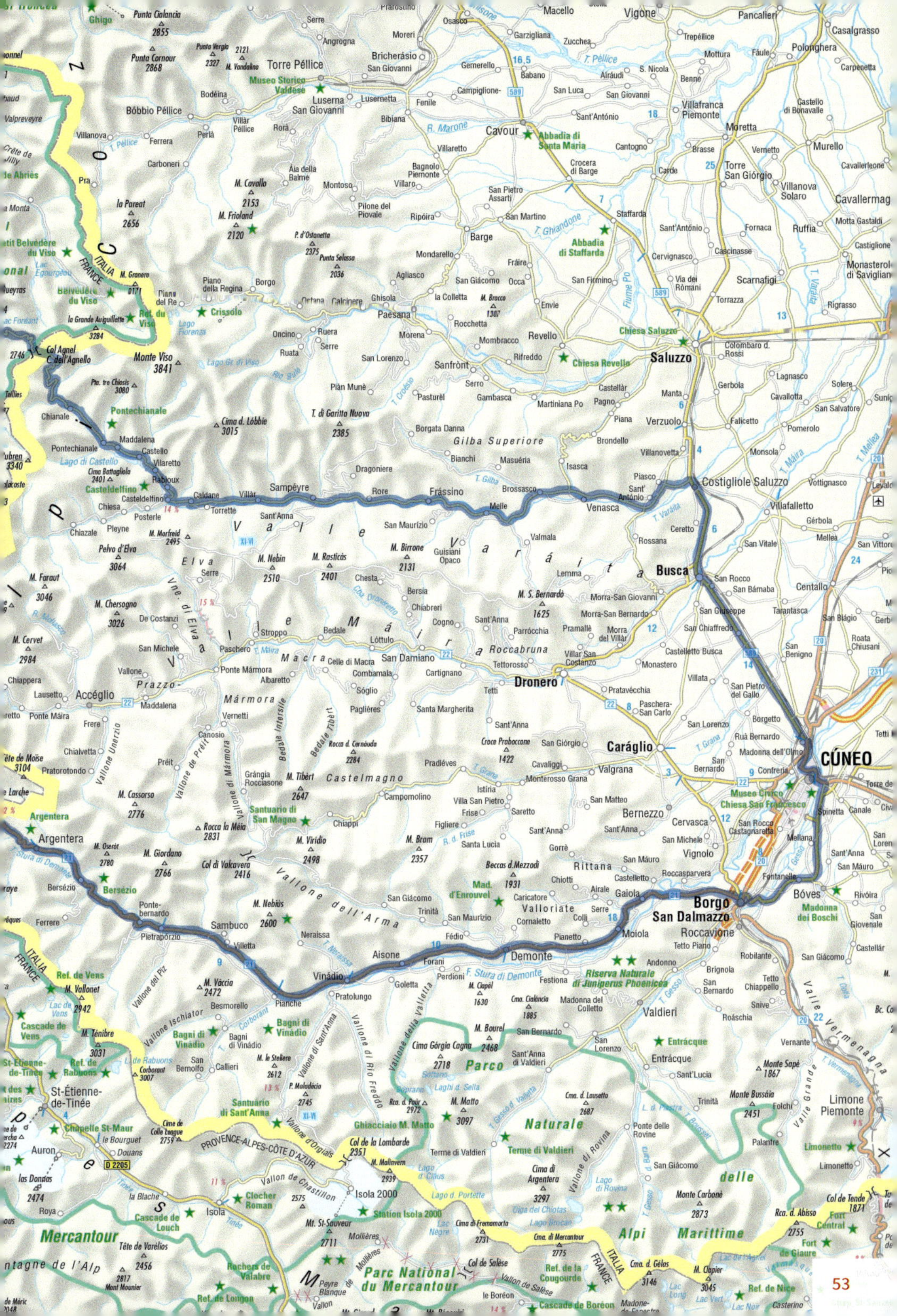

Torre Péllice
Museo Storico Valdese
Luserna San Giovanni
Bóbbio Péllice
Bricherásio
Cavour
Abbadia di Santa Maria
Macello
Vigone
Pancalieri
Casalgrasso
Polonghera
Villafranca Piemonte
Moretta
Murello
Torre San Giórgio
Villanova Solaro
Cavallermaggiore
Ruffia
Monasterolo di Savigliano
Scarnafigi
Barge
Abbadia di Staffarda
Staffarda
Revello
Chiesa Revello
Chiesa Saluzzo
Saluzzo
Paesana
Crissolo
Monte Viso
3841
Col Agnel
C. dell'Agnello
Pontechianale
Casteldelfino
Sampéyre
Frássino
Melle
Venasca
Costigliole Saluzzo
Busca
Valle Varáita
Valle Máira
Vallone dell'Arma
Gilba Superiore
Verzuolo
Manta
Piasco
Brossasco
Rossana
Villafalletto
Centallo
Dronero
Roccabruna
San Damiano
Macra
Stroppo
Acceglio
Prazzo
Mármora
Caráglio
Valgrana
Castelmagno
Santuario di San Magno
CÚNEO
Museo Civico
Chiesa San Francesco
Bernezzo
Cervasca
Vignole
Borgo San Dalmazzo
Roccavione
Bóves
Madonna dei Boschi
Gaiola
Moiola
Demonte
Aisone
Vinádio
Sambuco
Pietraporzio
Bersézio
Argentera
Valloriate
Rittana
Riserva Naturale di Juniperus Phoenicea
Valdieri
Entrácque
Terme di Valdieri
Parco Naturale delle Alpi Marittime
Limone Piemonte
Limonetto
Col de Tende
1871
Valle Vermenagna
Bagni di Vinádio
Santuário di Sant'Anna
Isola 2000
Isola
St-Étienne-de-Tinée
Auron
Mercantour
Parc National du Mercantour
PROVENCE-ALPES-CÔTE D'AZUR
ITALIA
FRANCE
Col de la Lombarde
2351
Cascade de Louch
Rochers de Valabre
Ref. de Longon
Ref. de Nice
Fort Central
Fort de Giaure

Das Valle Stura lockt mit fantastischen Strecken.

Etwas ist über los in Cuneo, der Hauptstadt der gleichnamigen Provinz. Auf der riesigen Piazza Galimberti, die im Zentrum der Stadt von scheinbar unendlich langen Arkadengängen umgeben ist, herrscht geschäftiges Treiben. Geschäftsleute eilen zu ihren Terminen, Hausfrauen erledigen ihre Einkäufe, Touristen schlendern über das Pflaster und im Schatten der Arkaden sitzen unzählige Erholungssuchende in den Cafés und genießen ihren Espresso. Auch wir waren gestern Abend hier unterwegs, haben uns in einer der einladenden Pizzerien eine leckere Pizza gegönnt und den hiesigen Wein probiert.

Zwischen Festungsmauern

Heute morgen drehen wir nur eine kurze Runde auf der Suche nach einem kleinen Lebensmittelladen. Schließlich wollen wir ja gut bestückt sein für unser Picknick in den piemontesischen Bergen. Fündig werden wir etwas außerhalb der Piazza, und damit steht unserem Tourstart nichts mehr im Wege.

Kunstobjekt „Grünes Männchen" an der Festung Vinadio.

In Richtung Borgo San Dalmazzo verlassen wir Cuneo, folgen den großen Schildern in das Valle Stura. Bei Borgo heißt es rechts abbiegen und schon finden wir uns in einer fantastischen Umgebung wieder. Dunkle, sattgrüne Wiesen begleiten uns neben dem Asphalt während die Berge rechts und links der Straße immer weiter in die Höhe steigen. Mit jedem Kilometer werden die Hänge steiler, die Felsen schroffer. Wir passieren Demonte, ein, zwei kleine Läden, eine Handvoll Cafés und Bars huschen an uns vorüber. Dann haben wir auch bald Vinadio erreicht. Die kleine Gemeinde trumpft mit der mächtigen Festung von Carlo-Alberto. Das Bollwerk ist unbedingt einen Besuch wert. Auf vielen spannenden Wegen lassen sich die Festungsmauern, die Laufwege und vor allem die interessante Geschichte dieser Verteidigungsanlage entdecken. Die moderne Multimediashow gibt

Die mächtige Festung von Carlo-Alberto in Vinadio.

erstaunliche Einblicke in das Festungsleben und das frühe Geschehen in der Region.

Heute steht aber Motorradfahren auf dem Programm, also geht's weiter gen Westen über Pietraporzio in Richtung des Colle della Maddalena. Der in Frankreich als Col de Larche genannte Pass führt in 1991 Metern Höhe hinüber nach Frankreich. Bevor wir die Passhöhe passieren, heißt es aber erst mal die 14 Kehren genießen, die sich hinter dem Örtchen Argentera in die Höhe winden. Selbst jetzt, mitten im Frühsommer, sind die umliegenden Gipfel noch vom Schnee des Winters bedeckt. Oben auf der Passhöhe bietet sich da gleich die Gelegenheit zu einer kernigen Schneeballschlacht. Praktisch mit Helm, da kann ja nichts ins Auge gehen.

AUTOREN-TIPP

DIE FESTUNG VON VINADIO An strategisch günstiger Stelle im Stura-Tal liegt das Forte di Vinadio, nach seinem Erbauer auch Forte Albertino genannt. Die mächtige Anlage westlich von Demonte zieht jährlich viele tausend Besucher in ihren Bann. Sie ist nicht nur ein Beispiel für die geschickte Baukunst rund um die piemontesischen Verteidigungsanlagen, in ihr finden auch regelmäßig kulturelle Veranstaltungen statt. Die wehrhaften Gemäuer sind komplett zu besichtigen, ein Rundgang zwischen den Arkaden, Gängen, Bögen und Laufwegen ist sehr beeindruckend. Sehenswert ist auch die Multimedia-Ausstellung „Montagna in Movimento" („Bewegendes Gebirge") über die grandiose Bergwelt der Region. **GPS** 44.306611, 7.172653

Wer danach Hunger verspürt fährt nur wenige Kilometer weiter gen Westen nach Pietraporzio und probiert dort das schmackhafte Fleisch der Schafe von Sambuco. Denen ist übrigens in Pontebernardo ein eigenes Schafzucht-Museum gewidmet. **GPS** 44.344163, 7.032413

In die Hautes-Alpes

Die kommenden rund 30 Kilometer sind Fahrspaß pur. Über weite offene Flächen geht es in langgezogenen Kurven an großen, leuchtend weißen Schneefeldern vorbei. Der französische Asphalt ist trocken und griffig,

hier macht das schnelle Touren richtig Spaß – ein toller Kontrast zu den italienischen Kehren. Nicht verpassen darf man die Abzweigung gleich hinter Meyronnes, hier ist der 2 111 Meter hohe Col de Vars ausgeschildert, ein Dauerbrenner bei der Tour de France. Ein paar richtig schöne Kehren führen hier auf der D902 vom Département Alpes-de-Haute-Provence ins Département Hautes-Alpes. Vorbei am Skigebiet von les Claux und durch das Örtchen Vars geht es schließlich nach Guillestre. Mitten in dem kleinen Mit-

Traumstrecken liegen rund um den Col de Vars.

Kurze Verschnaufpause am Lago di Castello.

telzentrum lassen wir uns am Place du Général Albert im Café in die bequemen Stühle fallen und genießen einen schmackhaften Café au lait. Bei Motorradfahrern ist Guillestre beliebt, es liegt an der Route des Grandes Alpes und von hier geht es in Richtung vieler spannender Alpenpässe.

Uns führt der weitere Weg in nördliche Richtung, über Château-Queyras zum Colle dell' Agnello, der in 2 744 Metern Höhe das französische Queyras-Tal mit dem Valle Varaita in Italien verbindet. Der in Frankreich Col d'Agnel genannte Pass ist einer der höchsten und spektakulärsten Alpenpässe und gilt als die höchste grenzüberschreitende Passstraße der Alpen.

Herrliche Serpentinen

Wir haben Glück, die Schneeverhältnisse hier sind oft unberechenbar. Normalerweise ist der Pass nur von Juli bis September befahrbar, kann aber durchaus zwischendurch mal geschlossen sein. Wir können passieren und finden uns wenige Meter weiter inmitten herrlicher, herausfordernder Serpentinen wieder. Gleich an einer der spitzen Kehren gibt es einen schönen Platz im Grün mit toller Aussicht – der ideale Picknickplatz. Hier wird

Wie kommt da der Sticker auf's Schild?

Das Tal von Guillestre …

… und sein Zentrum.

es garantiert nicht langweilig. Entweder genießen wir das grandiose Bergpanorama, schauen relaxt den weiß leuchtenden Wolken am blauen Himmel hinterher oder schauen den durch die spitzwinkligen Kurven manövrierenden Moppedfahrern hinterher. Nicht jeder von denen macht dabei allerdings einen entspannten Eindruck. Wie schon gesagt, manche dieser Kehren sind eine Herausforderung und ein wenig Erfahrung macht hier das Fahren deutlich einfacher.

Italiens schönste Orte

Steil schraubt sich der Asphalt weiter hinunter ins Hochtal. In rund 1600 Metern Höhe führt die Straße direkt an Chianale vorbei. Das überschaubare Örtchen hat gerade einmal 200 Einwohner, ist aber bildhübsch. Nicht

umsonst gehört das kleine Nest zu den „I borghi più belli d'Italia", was wörtlich uübersetzt etwa „die schönsten Orte Italiens" bedeutet. Diese private Vereinigung nimmt sich den kleinen, weniger bekannten, meist mittelalterlichen Zentren Italiens an und bewahrt so manches echte Kleinod vor dem Verfall. Rund 260 Orte haben es inzwischen in die erlesenen Reihen geschafft und jeder einzelne ist einen Besuch wert. Natürlich lassen wir es uns auch nicht nehmen, eine Runde durch das idyllische und sehenswerte Zentrum Chianales zu drehen – es lohnt sich.

Auch der Anziehungskraft des Lago di Castello können wir uns nicht entziehen. Er heißt übrigens auch Lago di

Klingt gut, was da auf dem Schild steht!

In der Schlucht bei Château-Queyras.

Pontechianale, was direkt auf seine Lage an dem hübschen Dorf Pontechianale hinweist. Für eine kurze Pause und einen heißen Espresso stoppen wir gerne zwischen den alten Gemäuern des Ortes.

Wenige Kilometer weiter zweigt rechter Hand das Valle di Bellino ab, ein bei Wanderern und Naturfreunden recht beliebtes Ausflugsziel. Das Tal liegt landschaftlich sehr schön, ist aber letztendlich eine Sackgasse. Also halten wir uns weiter in östlicher Richtung und tauchen immer weiter in das nicht weniger schöne, aber sehr viel größere und bekanntere Valle Varaita ein. Das gut 50 Kilometer lange Tal hat seine Existenz dem gleichnamigen Bergfluss Varaita zu verdanken, der hier in vielen tausend Jahren das grandiose Varaitatal aus den Cottischen Alpen schmirgelte. Über Jahrhunderte weg tobten hier die abenteuerlichsten Schlachten und Kämpfe, wie so oft religiös motiviert, oft ging es auch um

Die Schlucht des Guil: von oben …

Macht und Einfluss. Zuletzt kam es gegen Ende des Zweiten Weltkriegs zu heftigen und lange andauernden Partisanenkämpfen.

Urige Weiler

Heute ist es hier natürlich ungleich friedlicher und wir genießen die entspannte Fahrt auf der erstaunlich verkehrsarmen Strecke entlang der Strada Provinciale 105 an den Ufern der Varaita. Wir passieren hübsche Örtchen und urige Weiler und erreichen bald Sampeyre. Von hier führt eigentlich über das Örtchen Sant'Anna der 2 284 Meter hohe Colle di Sampeyre in das südlicher gelegene Maira-Tal, uns ist heute jedoch leider dieser Weg

… und mittendrin.

Unterwegs im Valle Varaita.

versperrt. Hinweisschilder deuten auf einen Bergrutsch und eine mehrtägige Vollsperrung hin – Pech gehabt. Ist aber kein großes Problem, auch der weitere Verlauf des Valle Varaita ist schließlich sehr reizvoll.

Über Melle düsen wir also weiter in Richtung Osten. Unser Ziel ist Costigliole Saluzzo, wo wir uns von der rauschenden Varaita verabschieden und den Weg nach Süden einschlagen. Sechs Kilometer später erreichen wir Busca und scheinbar wie zum Abschied von dieser tollen Runde durch den Süden des Piemont grüßen uns freundlich zwei uniformierte Polizisten an Buscas Ortsgrenze und entlassen uns auf die letzten zwanzig Kilometer zurück zum Ausgangsort dieser Tour, zurück nach Cuneo. ◀

INFOS ZUR TOUR

CHARAKTERISTIK

Auch auf dieser Tour sind die Herausforderungen sehr unterschiedlich. Im Allgemeinen lässt es sich überall entspannt touren, rund um die Pässe gibt es jedoch einige knackige Serpentinen, die Erfahrung erfordern. Bis in den Frühsommer hinein ist in den hohen Lagen mit Schneefeldern zu rechnen, der Asphalt ist jedoch meist frei, die Straßen aber nicht unbedingt immer sauber. Die.

PÄSSE DER TOUR

Der Colle della Maddalena oder auf französisch Col de Larche führt in 1991 Metern Höhe von Italien hinüber nach Frankreich. Der 2 111 Meter hohe Col de Vars, ein Dauerbrenner bei der Tour de France und entsprechend gut ausgebaut, verbindet das französische Département Alpes-de-Haute-Provence mit dem Département Hautes-Alpes. Dritter im Bund ist der Colle dell‘ Agnello in 2 744 Metern Höhe. In Frankreich heißt er Col d’Agnel und gilt als die höchste grenzüberschreitende Passstraße der Alpen.

ÜBERNACHTUNG

Campeggio Bisalta
Via San Maurizio, 33, I-12100 Cuneo
Freundlicher Campingplatz nur wenige Minuten vom Zentrum Cuneos entfernt.
www.cuneocamp.it
GPS 44.365570, 7.514442

Hotel San Giovanni Resort
Via San Giovanni, 9, I-12037 Saluzzo
Ansprechendes Hotel in zentraler Lage in einem ehemaligen Kloster mit klasse Service.
www.sangiovanni-relais.com
GPS 44.643947, 7.487259

KOMBINATIONSMÖGLICHKEITEN

Diese Tour lässt sich gut mit den beiden anderen Süd-Piemont-Touren(2 und 3) kombinieren, aber auch perfekt in Richtung Süden mit Ligurien (4 und 5). Wer nicht genug bekommen kann: In Richtung Nordwesten locken der 2 356 Meter hohe Col d‘Izoard sowie die zugehörige Casse Deserte.

Kehren und **Kurzweil**

Imperia – das ist die südwestlichste Provinz in Italiens Norden – und gehört zur Region Ligurien. Sie grenzt an Frankreich und ist ein Traum zum Motorradfahren. Herausfordernde Pässe und spannende Bergstraßen laden zu fantastischen Touren zwischen bewaldeten Bergen und felsigen Kuppen, tiefen Tälern und rauschenden Bergbächen.

Imperia lockt mit grandiosen Bergstrecken oberhalb der Küste.

TOUREN-STECKBRIEF

BASISORT
San Remo (43.816334, 7.775532)

LÄNGE DER TOUR
ca. 280 km

DAUER DER TOUR
9 Stunden

ROADBOOK
San Remo, Borello, San Romolo, Monte Bignone, Passo Ghimbegna, Val de Nervia, Badalucco, Valle Argentina, Molini di Triora, Colla di Langan, Colla Melosa, Lago di Tenarda, Pigna, Monte Alto, Ventimiglia, Roya-Schlucht, Olivetta-San Michele, Sospel, Col de Castillon, Menton, Bordighera, Perinaldo, San Remo

HIGHLIGHTS
Die nördlichste Ecke dieser Tour bei Molini di Triora besticht mit einer klasse Streckenführung und dem Colla di Langan (43.967871, 7.731588).

Auch die SS20 durch die Roya-Schlucht bei Olivetta-San Michele hinterlässt tolle Eindrücke (43.864103, 7.569624).

Die Qual der Wahl bietet der Passo Ghimbegna – ab hier ist es einfach überall schön (43.901017, 7.727943).

Perfektes Ziel für romantische Träumer: Liguriens Strände.

Parc National du Mercantour
Cascade Long
Vallée des Merveilles
Gravures Rupestres
Chap. St-Sauveur
Tende
D 6204
E 74
Mt. Bergiorin 1666
Morignole
Pont du Coq
St-Dalmas-de-Tende
la Brigue
Notre-Dame-des-Fontaines
Cime de Durasque 1480
Gorges de Paganin
Gorges de Bergue
Granile
Bergue Sup.
Bergue Inf.
Cime de Marte 2136
Fontan
Mauríoun
Anc. Couvent des Franciscains
Saorge
Forêt de Caïros
Gorges de Saorge
Chapelle de la Madone de Poggio
Ste-Anne
Mt. Pietravècchia 2038
Mt. Toraggio 1973
Col de Turini
Mt. Ventabren 1976
N.-D. du Mont
la Giandola
l'Arpette 1610
Breil-sur-Roya
FRANCE
ITALIA
Chiesa Madonna di Passoscio
Pigna
D 2566
Moulinet
Gorges de Piaon
Cime du Bosc 1026
Col de Brouis 879
Mt. Forquin 1335
M. Alto 1269
Castèl Vittório
Piaon
Mt. Grazian 862
Basse
Libre
Piene Haute
Fanghetto
Mt. Abéllio 1016
M. Morgi 819
Rocchetta Nervina
Isolabona
Apricale
le Golf
Sospel
Fort de St-Roch
D 2204
Olivetta-San Michele
Airole
Castello d. Lucertola
Maria Vergine
Perinaldo
Col de Castillon
Collabassa
Castello di Dolceacqua
Santuario dell'Addolorata
Trucco
Dolceácqua
San Giorgio
Castillon
M. Grammondo 1378
Torri
M. Pozzo 569
Villatella
Bévera
Soldano
Pic de Baudon 1264
Sant'António
Carletti
Camporosso
San Biágio della Cima
Ste-Agnès
Castellar
Sealza
Roverino
Vallecrósia Al.
Vallebona
Ventimiglia
Chiesa di San Michele Arc.
Bordighera
Jardin des Colombières
Mórtola
Giardini Hanbury
Balzi Rossi
Camporosso Mare
Museo Bibliot.
Gorbio
Fête du Citron
l'Annonciade
Roquebrune-Cap-Martin
Vallecrósia
Pta. di Migliarese
Ventimíglia
S. Maria Maddal.
Bordighera
MENTON
Vieux Port de Menton
Cap-Martin
Beausoleil
Grand-Prix de Monaco
MONTE CARLO
Fort Antoine
Port de Monte Carlo
Plage de Monaco
MONACO
Riviera
Riviéra
Colla San Bernardo 1263
Mendática
Cósio di Arróscia
Colle di Nava
Nava
Armo
Piággia
Mónesi
Rifugio S. Remo
Pornássio
San Luigi
Mt. Saccarello 2200
Montegrosso Piàn Latte
Ponti
Acquético
Verdéggia
Pieve di Teco
M. Mónega 1882
Madonna della Ripa
Realdo
Nostra Signora del Sepolcro
Cénova
Grotta di Creppo
Rezzo
Lavina
Creppo
San Dalmazzo
San Martino
Triora
Corte
San Bernardo di Cónio
San Bernardino
Castello di Triora
Andagna
Molini di Triora
Rocca di Andagna
Agággio Superiore
Agággio Inferiore
Monte Grande 1418
Poggialto
Cónio
Borgo
S. Giovanni dei Prati
Carmo Albarozza 979
Colla di Langan
Búggio
Piàn del Moro
Glori
Carpásio
Passo del Maro
Madonna d. Carmine
M. Ceppo 1627
Croce di Praesto
M. Moro 1184
Villatalla
M. Mera 1063
Vignai
Ciabáudo
Badalucco
Montalto Lígure
M. Faudo 1149
Távole
Vallória
Baiardo
Passo Ghimbegna
San Nicolò
Santi Pietro e Paolo
Ceriana
M. Nevéia 835
Santuario di Lampedusa
Lécchiore
M. Bignone 1299
Santo Spirito
M. Colma 649
Tággia
San Giacomo e San Filippo
Boscomare
Palazzo Anfossi
San Doménico
Castellaro
M. Caggio 1090
San Romolo
Borello
Verezzo
Arma di Tággia-Sanremo Est
Via Aurélia
Pompeiana
Cóstarainera
Coniolì
San Basilio
Villa Nobel
Bussana Vecchia
Póggio
Riva Lígure
Santo Stefano
Sanremo Ovest
Coldirodi
San Siro
Bussana
Arma di Tággia
SANREMO
Capo Verde o P. d'Arma
Villaggio dei Fiori
Ospedaletti

Der Berg ruft: Es geht auf den Monte Bignone!

San Remo, die lebhafte Hafenstadt und Zentrum der Riviera dei Fiori, der Blumenriviera, ist unser Ausgangspunkt für diese spannende Tour durch den westlichen Teil der Provinz Imperia. Gut 50 000 Einwohner hat der Kur- und Badeort, langweilig wird es hier nie. Neben der Spielbank ist vor allem San Remos Altstadt weit über die Region hinaus bekannt. Wie in einem Labyrinth führen schmale Gassen und enge Durchlässe durch ein dichtes Häusergewirr mit fast schon orientalischem Einschlag.

Die weit über 1000 Meter hohen Gipfel des Hinterlandes überragen die Silhouette San Remos und locken uns in die bergige, von tiefen Tälern durch-

Gleich oberhalb von San Remo warten schmale Bergstrecken.

zogene Region Imperia. Gleich hinter dem Stadtrand geht es schon los mit den ersten Kurven und Kehren. Wir folgen der Beschilderung nach Borello, queren die Küstenautobahn, eine der schönsten Schnellstraßen Liguriens, und erreichen schon bald San Romolo, das kleine Nest direkt unterhalb des Monte Bignone. Der 1300 Meter hohe Gipfel ist der Hausberg der Region und entsprechend hoch ist die Zahl der Rennradler, die auf den herrlichen Strecken entlang seiner Flanken unterwegs sind.

Kurvenreicher Asphalt

Wenige Kilometer weiter, auf dem 898 Meter hohen Passo Ghimbegna, treffen die schönsten Routen zusammen. In Richtung Südosten geht es über unzählige Serpentinen wieder hinab an die Küste, gen Westen führt der kur-

Bergdorf am Monte Ceppo.

venreiche Asphalt ins Val de Nervia. Wir halten uns nordöstlich, nehmen Kurs auf das bildschöne Badalucco.

AUTOREN-TIPP

DIE LIGURISCHE GRENZKAMMSTRASSE Diese Straße (kurz: LGKS) ist eine ehemalige Militärstraße, die in großer Höhe entlang der französisch-italienischen Grenze verläuft. Der Hauptzug vom 1540 Meter hohen Colla Melosa zum 1871 Meter hohen Col de Tende ist eine größtenteils anspruchsvolle Offroad-Piste mit gut 60 Kilometern Länge. Entlang der Strecke liegen einige interessante Militärforts. Das Forte Centrale am Col de Tende wurde bereits 1880 errichtet, weitere Forts entstanden bis 1940.

Üblicherweise ist die LGKS in den Sommermonaten auf dem oben beschriebenen Verlauf komplett befahrbar. Felsstürze oder Bauarbeiten können jedoch temporär zu Einschränkungen führen. Die Strecke ist landschaftlich ein Traum, stellt jedoch hohe Anforderungen an Fahrer und Material. Wir raten dringend davon ab, die Piste alleine zu befahren.

Col de Tende (44.149599, 7.561811), Colla Mellosa (43.990884, 7.684139).

Die Straßenführung ist einfach ein Traum, Schräglage folgt auf Schräglage, Kehre auf Kurve, dazwischen locken Aussichtspunkte zum Verweilen. Ab Badalucco begleiten wir das Valle Argentina. Hier hat der rauschende Bergbach ganze Arbeit geleistet und ein fantastisches Tal in den Fels geschmirgelt, dass uns nach Molini di Triora führt. Das urige Bergdörfchen ist nicht nur bei Mountainbikern sehr beliebt, hier trifft sich auch, wer gerne Schnecken isst. Die traditionelle Küche der Region kennt einige äußerst schmackhafte Rezepte dazu und gerade in Molini di Triora wird köstlich gekocht und freundlich serviert.

Im Grenzgebirge

Kiki und mir ist es noch zu früh für ein Mahl, wir genießen zwei leckere Cappuccini zwischen den historischen Mauern des Bergdorfs und düsen anschließend weiter gen Westen. Auf unserem Plan steht der 1127 Meter hohe Colla di Langan. Dorthin führt, wie sollte es hier in Ligurien auch anders sein, eine fantastische, kurzweilige Route. Unsere Fußrasten lassen den einen oder anderen Kratzer auf dem Asphalt zurück. Hier macht das Fahren richtig Spaß und es ist kaum etwas los auf der Straße. Nur vereinzelt kommt uns mal ein Radler oder ein motorisierter Kollege entgegen.

Für Enduristi und Freunde des Offroad-Vergnügens ist der Colla di Langan besonders interessant. Auf seiner Scheitelhöhe zweigt eine der Zufahrten zum südlichen Teil der Ligurischen Grenzkammstraße ab. Dieser Abschnitt der legendären Offroad-

Strecke führt auf schwierigen Wegen bis zum Passo di Tanarello an der italienisch-französischen Grenze. Von dort kann man entlang des Grenz-

Pause muss sein – mal kurz die Beine lang machen.

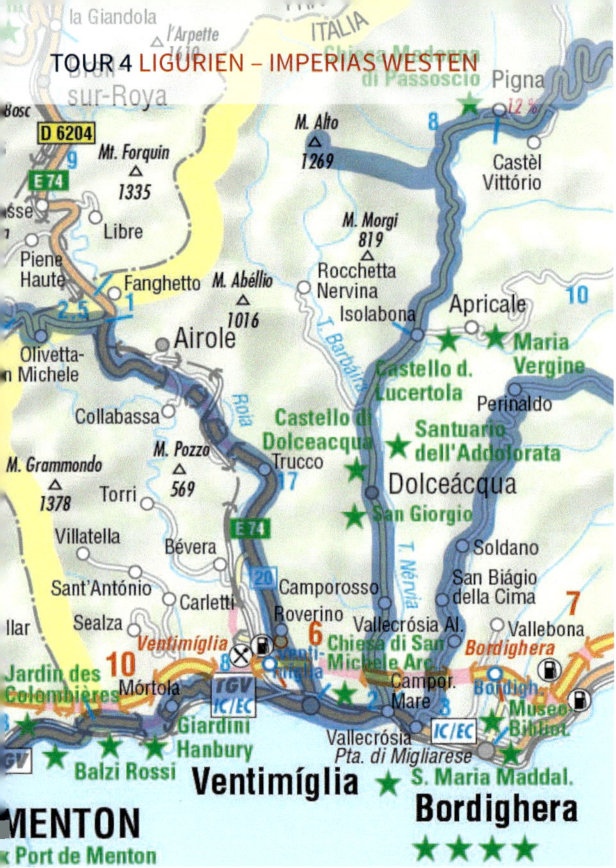

kamms auf nicht weniger spannenden Offroad-Pisten bis zum Col de Tende fahren oder einige der aufregenden Stichstraßen und Abstecher unter die Stollenreifen nehmen. Bisweilen sind diese Strecken auch schon mal durch Felsstürze oder Arbeiten an der Piste gesperrt. Anspruchsvoll sind sie jedoch immer und es empfiehlt sich nicht, sie alleine zu fahren. Für ein kurzes Stück folgen wir der Zufahrt zur Grenzkammstraße, machen am 1540 Meter hohen Colla Melosa aber kehrt und genießen eine herrlich erholsame Pause am Lago di Tenarda.

Grandiose Aussichten

Zurück am Colla di Langan folgen wir den Schildern nach Pigna. Das nette Dorf ist Ausgangspunkt für tolle Wandertouren durch das Val de Nervia und lockt mit einladenden Straßencafés. Kurz nach dem Ortsende zweigt eine schmale Stichstraße in Richtung des 1269 Meter hohen Monte Alto ab. Klar, dass wir diesem schönen Abschnitt auch nochmal folgen und dafür

In den Seealpen kann bis Ende Mai Schnee liegen.

mit grandiosen Aussichten und einer herrlichen Streckenführung belohnt werden.

Entlang des sprudelnden Wildwassers des Flüsschens Nervia folgen wir dem Tal in Richtung Küste. Die Kurven werden weniger eng, es geht auch schon mal etwas fixer zur Sache und auch die oberen Gänge dürfen mal wieder benutzt werden. Bald darauf fallen unsere ersten Blicke wieder aufs Meer und wir finden uns einige Kilometer weiter an der mondänen Promenade von Ventimiglia wieder.

Durch enge Felsen

Die Grenzstadt zu Frankreich ist schon eine eigene Reise wert. Zahlreiche Baudenkmäler, die Altstadt, die Promenade – hier lockt vieles zum Schauen und Verweilen. Heute sind

Eldorado für Zocker: San Remos Spielbank.

wir aber zum Moppedfahren hier, gönnen uns nur ein erfrischendes Eis und machen uns wieder auf die Reifen.

Unser Ziel ist die interessante Schlucht der Roya. Der Fluss entspringt in den französischen Seealpen und rauscht durch die Berge des Grenzgebiets in Richtung Mittelmeerküste. Ihm folgt die fantastische E74 mit einer spektakulären Streckenführung durch dunkle Tunnel und enge Felsdurchlässe. Der wildeste Teil dieser Etappe endet bei Olivetta-San Michele direkt an der französisch-italienischen Grenze. Hier führt ein namenloser Pass in 292 Metern Höhe

hinüber nach Sospel. Das einladende Städtchen lockt ebenfalls mit einer netten Altstadt, interessanten Gassen und einem freundlichen Zentrum mit zahlreichen Bars und Cafés – gerade richtig für einen munter machenden, schwarzen Espresso zur Stärkung.

Auf der Via Aurélia

Wer hier in Sospel aus der Route aussteigen möchte und lieber französischen Boden unter die Räder nimmt, findet ein weit verzweigtes Netz von unglaublichen Bergstraßen. Zahlreiche Pässe liegen in der Region und die Routen dazwischen gehören zum Schönsten, was die Seealpen hergeben. Das Gleiche gilt natürlich auch für die nördlich liegenden italienischen Alpenrouten. Von Sospel zum Col de Tende ist es nur ein Katzensprung und gleich nördlich davon beginnt das Piemont. Dessen schönste Routen beschreiben wir im vorliegenden Band in weiteren Kapiteln.

Uns treibt es von Sospel aus in südliche Richtung. Wir nehmen Kurs auf Menton, folgen dem südlichsten Abschnitt der Route des Grandes Alpes, queren den 707 Meter hohen Col de Castillon und erreichen nur wenige Kilometer vor der italienischen Grenze wieder die Küstenstraße. Via Aurélia nennt sich die Strecke entlang der Küste auf der Spur des alten Römerwegs, der sich von Rom bis zum französischen Arles schlängelte. Hier ist eine Menge los, kurzweilige Orts-

Imperia ist das Reich der Oliven.

Tolle Panoramen gibt es rund um Perinaldo.

durchfahrten, rasende italienische Rollerfahrer, mondäne Fassaden, interessante Geschäfte – langweilig wird es hier nicht.

An der Riviera dei Fiori

Kurz vor dem Badeort Bordighera am Capo Sant'Ampèlio verlassen wir die Via Aurelia wieder, biegen ins Inland ab und starten eine letzte, herausfordernde Runde durch das Hinterland der Riviera dei Fiori. Auf schmalem, kurvenreichem Asphalt geht es gen Norden nach Perinaldo. Die Strecke ist super, außer uns fährt hier kein Mensch, wir haben unzählige Kurven nur für uns. Direkt bei Perinaldo bietet sich Kiki und mir ein herrliches Panorama. Wenige Kilometer weiter treffen wir wieder auf unsere alte Bekannte: die fantastische Bergstraße zwischen San Remo und dem Monte Bignone. Sie führt uns in wilden Schwüngen wieder hinab zur Küste in Richtung San Remo. Und auch auf diesem Streckenabschnitt bewahrheitet sich mal wieder die alte Weisheit, dass eine Strecke in umgekehrter Richtung befahren, völlig neue Erfahrungen schafft.

Bei San Remo haben wir schnell wieder unser „Basislager", den einladenden Campingplatz Villagio dei Fiori, erreicht und beenden damit diese fantastische Runde durch die ligurische Provinz Imperia. Heute Abend stürzen wir uns dann in das nächtliche Treiben San Remos und morgen geht es entlang der Küste in den Osten Imperias – aber das ist dann ein ganz neues Kapitel. ◀

INFOS ZUR TOUR

CHARAKTERISTIK

Sehr unterschiedlich sind die Herausforderungen auf dieser Tour. Es gibt schnelle, gut ausgebaute Etappen und sehr verwinkelte Bergsträßchen, die dem Einsteiger schon mal Schweißperlen abringen. Vorsicht nach Regen und Unwetter! Es geht viel durch waldige Abschnitte, Blätter und Sand werden schon mal auf den Asphalt gespült. Auf dem Küstenstraßen-Abschnitt stockt es gerne.

PÄSSE DER TOUR

Der 898 Meter hohe Passo Ghimbegna entlässt in vier wunderschöne Richtungen. Der Colla di Langan in 1127 Metern Höhe ist Einstand in die Ligurische Grenzkammstraße. 1540 Meter misst der Colla Melosa. Der 707 Meter hohe Col de Castillon ist relativ unscheinbar, aber die Strecke super.

ÜBERNACHTUNG

Camping Villaggio dei Fiori,
Via Tiro a Volo 3, I-18038 San Remo
Feundlicher, einladender Campingplatz direkt am Wasser bei San Remo. Nettes Team, saubere Anlage mit Schwimmbad. Hat uns gut gefallen.
www.villaggiodeifiori.de
GPS 43.802454, 7.745283

Hotel Belle Epoque
Via Roma 8
I-18038 San Remo
Sympathisches und schönes Hotel in zentraler Lage in San Remo. Motorrad-Parkplätze vorhanden.
www.hotelbelleepoquesanremo.com
GPS 43.814903, 7.773996

KOMBINATIONSMÖGLICHKEITEN

Diese Tour lässt sich gut mit der zweiten Imperia-Tour (Tour 5), aber auch über den Col de Tende mit den Runden durch das Piemont (2 und 3) kombinieren. Wer nicht genug bekommen kann: In Richtung Westen locken die französischen Seealpen mit endlosen Bergstrecken.

Berge und das **blaue Meer**

Im Osten Imperias – der spannenden Provinz Liguriens an der Grenze zu Frankreich – wird fündig, wer auf der Suche nach Kurven, Kehren und knackigen Bergstraßen ist. Aber nicht nur die herausfordernden Strecken machen diese Region aus. Bildschöne Bergdörfer, interessante Küstenstädtchen und die einladende Küste locken zu kurzweiligen Entdeckertouren und schönen Urlaubserlebnissen.

Im Rücken der Hafenstadt Imperia geht es hoch hinauf in die Berge.

TOUREN-STECKBRIEF

BASISORT
San Remo (43.816334, 7.775532)

LÄNGE DER TOUR
ca. 230 km

DAUER DER TOUR
9 Stunden

ROADBOOK
San Remo, Bussana, Tággia, Badalucco, Monte Grande, Passo di Teglia, Rezzo, Pieve di Teco, Colle di Nava, Passo di Prale, Capràuna, Alto, Nasino, Vesallo, Albenga, Alassio, Imperia, Vásia, Porto Maurizio, Passo del Maro, Lucinasco, Colle San Bartolomeo, Pieve di Teco, Monte Grande, Badalucco, San Remo

HIGHLIGHTS
Ziemlich im Norden der Route bietet die Landschaft südlich des Colle di Nava fantastische Panoramen und tolle Motorradstrecken (44.080484, 7.867446).
Die Küstenstraße SS1 bei Imperia lässt die Blicke weit hinaus aufs Meer wandern – Motorradfahren für die Seele (44.026863, 8.198544).

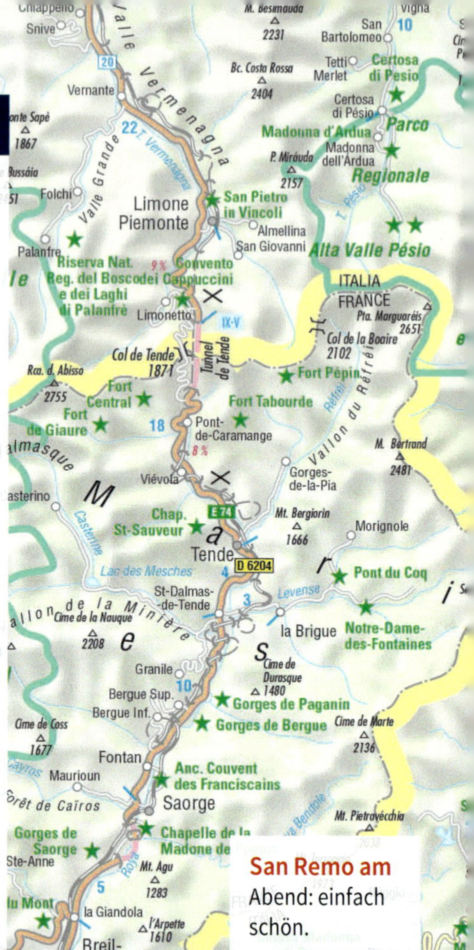

San Remo am Abend: einfach schön.

SANREMO
IMPÉRIA
Albenga
Alássio
Laiguéglia
Diano Marina
Onéglia
Porto Maurízio
San Lorenzo al Mare
Santo Stéfano al Mare
Riva Lígure
Arma di Tággia
Tággia
Bussana
Ormea
Garéssio
Calizzano
Pamparto
Pieve di Teco
Borgomaro
Chiusánico
Chiusavécchia
Pontedássio
Vásia
Dolcedo
Montalto Lígure
Badalucco
Ceriana
Viozene
Ponte di Nava
Colle di Nava
Colle Caprauna 1297
Colle S. Bernardo 957
Colle San Bartolomeo
Passo del Maro
Mendática
Cósio di Arróscia
Pornássio
Rezzo
Cesio
Ortovero
Villanova d'Albenga
Garlenda
Ceriale
Borghetto
Andora
Cervo
San Bartolomeo al Mare
Capo Mele
Capo Berta
Capo S. Croce
Ísola Gallinara
Riviera di Ponente
Giogo di Toirano 807
Toirano
Via Aurélia
Museo etnografico
Castello di Casotto
Reggia di Valcasotto
Grotta di Bossea
Palazzo Franchelli
Santa Maria e San Lorenzo
Castell' Ermo
Madonna della Ripa
Nostra Signora del Sepolcro
San Martino Vescovo
Santuario di Lampedusa
San Giacomo e San Filippo
Palazzo Anfossi
San Doménico
Basilica di San Maurízio
Santa Maria Maddalena
Santo Stefano
De Wijnstok
Museo dell'Olivo
S. Giovanni Battista
San Bartolomeo
Sant'Antonio
Duomo
Castello di Andora
Nostra Signora delle Penne
La Madonna della Guardia
Chiesa di Sant'Ambrogio
Torrione Saraceno
Villaggio Turistico C'era una Volta
Museo Diocesano
Palazzo Vecchio
Riserva Naturale Regionale dell'Ísola Gallinara
Grotte di Toirano
Grotta della Básura

Wie schon bei der Tour 4 ist die trubelige Hafenstadt San Remo Ausgangspunkt für diese spannende Tour. Für heute haben Kiki und ich uns den Osten Imperias vorgenommen: die bergige Region im Dreieck zwischen San Remo, Albenga und dem fast 1000 Meter hohen Colle di Nava südlich von Ormea.

Gestern Abend wandelten wir durch die engen und urigen Gassen der Altstadt, ließen uns die imperischen Delikatessen munden, deren köstlicher Geschmack das regionale Olivenöl widerspiegelt. Und dann erst der

Wer in Imperias Hinterland wohnt, darf Treppen nicht scheuen.

hervorragende ligurische Wein – kein Wunder, dass uns heute morgen das Aufstehen eher schwerer fällt.

Aber so schön San Remo auch ist, wir wollen heute das bergige Hinterland erkunden. Ein stärkendes Frühstück später sitzen wir bereits auf unserer Africa Twin und verlassen den Kurort entlang der Küste in Richtung Osten. Wir passieren das schöne Küstenstädtchen Bussana, kurz darauf heißt es schon links abbiegen. Tággia – nicht weniger interessant – geleitet uns gen Norden, entlang des gleichnamigen Flusses.

Am Monte Grande

Am Ortseingang des schmucken Dorfes Badalucco fällt uns gleich die steinerne, mittelalterliche Brücke ins Auge. Natürlich ziehe ich gleich die Bremse, das Bauwerk ist mehr als nur ein Foto wert. Während wir noch überlegen, wie wir den Brückenbogen am besten auf den Chip bannen, rollt hinter uns schon ein Ape aus. Das dreirädrige Gefährt gehört zu Italien wie die Vespa. Kein Wunder, es stammt ja auch vom gleichen Hersteller. Uberto, der freundliche Besitzer des Kleintransporters fragt in holprigem Deutsch nach dem Woher und dem Wohin. Er habe selber viele Jahre in Deutschland gearbeitet und freue sich immer, wenn er nette Menschen aus seiner alten Wahlheimat treffe, meint

EXTRA-TIPP

DAS SPIELCASINO IN SAN REMO Wie wäre es denn mal mit einer Runde zocken? Das Spielcasino in San Remo gehört zu den bekannteren Spielbanken in Italien und verströmt nicht nur von Außen einen luxuriösen Flair. An zahlreichen Tischen wird Französisches und Amerikanisches Roulette gespielt, auch Black Jack steht auf dem Programm. Für Freunde einer gepflegten Pokerrunde werden täglich Pokerturniere veranstaltet.
Wer lieber mal am „einarmigen Banditen" zocken möchte, für den stehen 470 Spielautomaten bereit, Roulette und Poker können damit auch elektronisch gespielt werden. Einen offiziellen Dresscode gibt es zwar nicht, aber für die Roulette-Runde sollte es schon etwas eleganter sein. Und Vorsicht: Immer vorher ein Limit setzen, sonst droht das Loch in der Urlaubskasse!
Spielcasino San Remo (43.814813, 7.772045)

Schöner wohnen: Häuserzeile am Bergfluss Argentina.

er. Noch ein herzlicher Handschlag, dann tuckert er wieder von dannen.

Auch wir rollen weiter, folgen noch ein kurzes Stück dem Valle Argentina. Dann setze ich den Blinker rechts, folge dem Flüsschen Carpasina. In unzähligen Kurven windet sich der Asphalt immer höher hinauf in Richtung des 1418 Meter hohen Monte Grande. Ziemlich einsam ist es hier, außer uns ist kaum jemand unterwegs. Nur ab und zu rappelt mal ein Kastenwagen oder ein italienischer Pkw an uns vorbei. Kein Wunder, finden wir uns doch unterhalb des Gipfels im Parco Naturale delle Alpi Liguri wieder. Nur ab und an findet sich mal ein älteres Gemäuer an den Berghängen wieder, die Ecke ist extrem dünn besiedelt.

Kunstwerke aus Schaum

Ein kurzer Abstecher führt uns zum Passo di Teglia in 1387 Metern Höhe, dann steuern wir wieder gen Norden, passieren in 744 Metern die Ponte dei Passi und erreichen via Rezzo das nette

Blick ins Valle Argentina.

Pieve di Teco. Auf dem großen, einladenden Platz gleich vor der mächtigen Kirche können wir einfach nicht widerstehen. Im gemütlichen Straßencafé lassen wir uns zwei leckere, heiße Cappuccini servieren. Der wird in Italien gern am Vormittag getrunken, und bisweilen machen die Italiener wahre Kunstwerke aus dem Milchschaum.

Cappuccino und Strand gehören einfach zu Imperia.

Die SS28 führt uns wenig später wieder aus Pieve di Teco hinaus und in einen echten Kurvenreigen hinein. In wilden Schwüngen geht es hinauf auf den 934 Meter hohen Colle di Nava. Nur wenige Minuten dahinter überqueren wir die nördliche Grenze der Provinz Imperia. Zu Füßen des mächtigen Zweieinhalb-Tausender Pizzo d'Ormea müssen wir uns entscheiden: West oder Ost? Wir nehmen letztere Richtung und nur zwei Kilometer weiter steht gleich die nächste Entscheidung an. Ab hier führt die sehr schöne SP216 später als SP14 in fantastischer Kurverei direkt an die Küste nach Albenga. Oder man lässt sich quer durch die Berge in direkter südlicher Richtung treiben. Bei uns ge-

Im Frühjahr grünt und blüht es allerorten.

winnt die SP216 und über den 1258 Meter hohen Passo di Prale gönnen wir uns das Kurvenparadies in Richtung Albenga. Capràuna, Alto, Nasino und das kleine Vesallo geleiten uns in Richtung Küste, wo uns am flachen Delta des Flusses Cento das von den Römern gegründete Albenga mit seinem mittelalterlichen Stadtkern empfängt. Gerade richtig, um uns in den netten Gassen mit einem frischen Salat zu stärken.

Verlockende Badestrände

Die Küstenstraße lockt. Wir verlassen Albenga, welches zur Provinz Savona gehört, in südwestlicher Richtung, nehmen wieder Kurs auf Imperia. Mit tollen Ausblicken führt die Küstenstraße SS1 am Wasser entlang. Verlockende Badestrände wechseln sich mit gut belegten Bootshäfen ab und immer wieder fällt der Blick weit hinaus aufs Meer, wo Freizeitkapitäne, Fischerboote und Lastkähne weiße Linien durch das tiefe Blau des Wassers ziehen. Bei Alassio verläuft die SS1 mitten durch den beliebten Urlaubsort

An der Riviera dei Fiori, der Blumenküste.

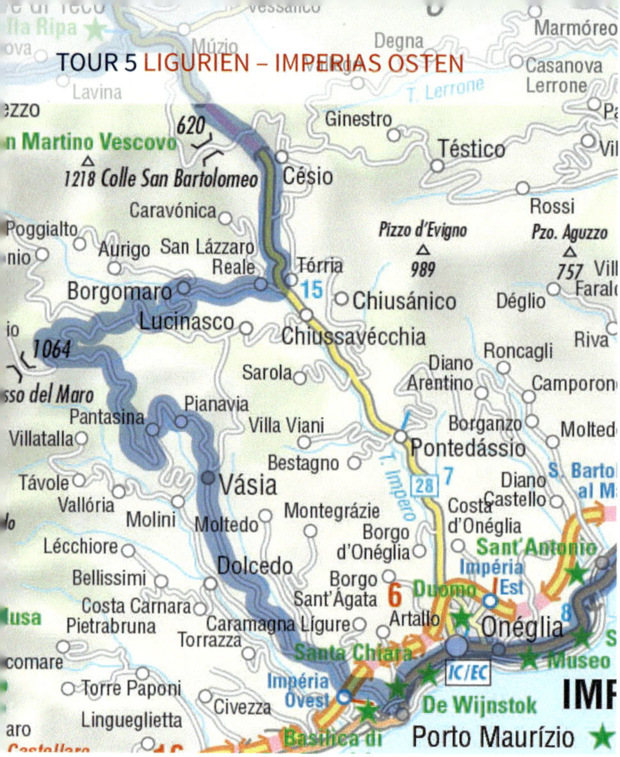

mit seinem schmalen Strand. Welch ein Kontrast zur einsamen Bergstraße im Hinterland, auf der wir vorhin noch ganz alleine unterwegs waren. Aber auch dieser Trubel hat mal seinen Reiz.

Zudem tun wir es den Italienern auf ihren unzähligen Rollern gleich, nutzen jede Chance zum Überholen und finden uns bald darauf wieder auf einer echten Küstenstraße direkt oberhalb der rauschenden Wellen wieder.

Die Qual der Wahl

Apropos überholen: Dass wir im Eifer des Gefechts und im Gefolge dreier Vespas und einer BMW auch gleich ein Auto der Polizia überholen, merken wir erst, als wir schon fast auf gleicher Höhe sind. Was soll's, die beiden Uniformierten juckt es herzlich wenig und so etwas scheint sowieso an der Tagesordnung zu sein.

Bei Imperia stellt sich erneut die Qual der Wahl: Fahren oder Schauen? Wir entscheiden uns für Letzteres. Der Hauptort der gleichnamigen Provinz ist uns einfach zu schön, um daran vorbeizufahren. Also parken wir die

Schwerlastverkehr: den Ape trifft man überall.

Honda mitten in der spektakulären Altstadt und erkunden die herrlichen, engen Gässchen zwischen den urigen Häusern zu Fuß. Urige Gemäuer, steile Treppen, einladende Plätze und immer wieder ein toller Blick aufs Meer – es lohnt sich.

Am Colle San Bartolomeo

Irgendwann sitzen wir dann doch wieder auf dem Mopped und kurven in Richtung Hinterland. Es geht nach Vásia. Die SP41, später die SP40, führt uns ab Porto Maurizio wieder in die Berge hinauf. Wir statten mit einem kurzen Abstecher dem Passo del Maro in 1067 Metern Höhe einen kurzen Besuch ab, dann halten wir uns in Richtung Osten und steuern Lucinasco an. Hier führt die kurvenreiche Landstraße mit dem 620 Meter hohen Colle San Bartolomeo über die Berge, während tief unten im Erdreich ein mächtiger Tunnel die Fahrzeit verkürzt. Klar, dass wir lieber den luftigen Weg mit den tollen Panoramen wählen.

Nicht mehr lange, dann trudeln wir in Pieve di Teco ein. Dort, wo wir am Vormittag noch zwei leckere Cappuccini genossen hatten. Über Rezzo

Cesio, eine der „Gemeinden der Olivenberge".

Im Hinterland gibt es einige prima Offroad-Abstecher.

Aussichtspunkt unterhalb des Monte Grande.

und rund um den Monte Grande halten wir uns schließlich wieder gen Süden. Zwar nehmen wir damit für ein Stück des Rückweges wieder den gleichen Aspahlt unter die Reifen, auf dem wir am Vormittag die Berge erklommen, aber wie es eben oft so ist, in die andere Richtung befahren, bieten die Strecken gleich wieder ein ganz anderes Erlebnis. Und die tolle Landschaft rechts und links der Straße, die kann man auch getrost zweimal genießen.

Viele spannende Kilometer

Je nach Lust, Zeit und Kondition lässt sich gleich hinter Badalucco die Entscheidung treffen, ob es in zügiger Fahrt hinunter in Richtung San Remo gehen soll oder lieber doch noch mit einem großen Schlenker über die bereits in Tour 4 beschriebenen Strecke über den Passo Chimbegna. Aber Vorsicht, da kommen nochmal richtig viele, spannende Kilometer hinzu. Für Kiki und mich geht es jetzt erst mal zur Küste. Ein bisschen Relaxen, dazu einen aufmunternden Espresso – und morgen starten wir dann zur nächsten Tour. Auf ein Neues! ◄

INFOS ZUR TOUR

CHARAKTERISTIK

Auch auf dieser Tour gibt es von jedem etwas. Sportliche Strecken mit weiten Kurven, knackige Bergstraßen mit herausfordernden Kehren und herrliche Panoramen auf relaxten Küstenstraßen.

PÄSSE DER TOUR

Ein Abstecher führt zum einsam gelegenen 1387 Meter hohen Passo di Teglia. Die SS28 führt hinter Pieve di Teco auf den 934 Meter hohen Colle di Nava. Über den 1258 Meter hohen Passo di Prale geht es zurück an die Küste. Der vierte Pass ist der Passo del Maro in 1067 Metern Höhe. Kurvenreich führt die Landstraße in 620 Metern Höhe über den den Colle San Bartolomeo.

ÜBERNACHTUNG

Hotel Toskana Spa
Corso Dante Alighieri 83, I-17021 Alassio
Familiengeführtes Hotel in zentraler, angenehm ruhiger Lage mit Restaurant.
www.hoteltoscanaalassio.it
GPS 44.003163, 8.168626

Hotel Savoia
Via Milano 14, I-17021 Alassio
Das moderne Haus liegt direkt am Strand von Alassio und glänzt mit einer leckeren Küche.
www.hotelsavoia.it
GPS 44.010578, 8.177865

Camping Rosa
Via al Santuario 8, I-18016 San Bartolomeo al Mare
Sehr gepflegte Anlage mit Campingareal und gut ausgestatteten Bungalows und Apartments.
www.campingrosa.it
GPS 43.921451, 8.098708

KOMBINATIONSMÖGLICHKEITEN

Es bietet sich die Kombination mit Tour 4 an, interessant wäre aber auch die Kombi mit den Touren im südlichen Piemont ab Cuneo (2 und 3).

SPIAGGE PALMARIA

Die Drei-
Regionen-Tour

Liguriens Osten – die Landschaft entlang der Riviera di Levante zwischen Rapallo und La Spezia – ist mit ihrem gebirgigen Hinterland ein Traum für Motorradreisende. Gleich hinter der Küstenlinie erheben sich steile Berggipfel weit über 1000 Meter, verbunden durch kernige Serpentinenstraßen, die sich über spektakuläre Pässe winden. Aussichtsreiche Küstenstraßen bieten zudem viele fantastische Panoramen.

Bildschöne Promenade in Porto Venere.

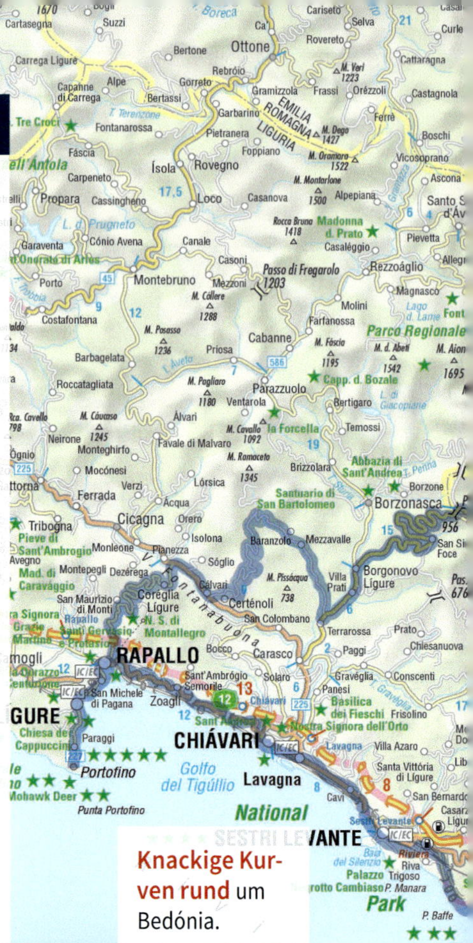

TOUREN-STECKBRIEF

BASISORT

Deiva Marina (44.216228, 9.514288)

LÄNGE DER TOUR

ca. 340 km

DAUER DER TOUR

9 Stunden

ROADBOOK

Deiva Marina, Sestri Levante, Rapallo, Portofino, Rapallo, Coreglia Ligure, Mezzánego, Bedónia, Albareto, Pontrémoli, Corniglio, Mònchio delle Corti, Licciana, Fivizzano, Fosdinovo, Lérici, La Spezia, Portovénere, La Spezia, Carródano, Deiva Marina

HIGHLIGHTS

Die spannenden Bergstrecken rund um Bedónia sind ein Volltreffer (44.504765, 9.629635).

Im Nordosten der Tour geht es rund um Mònchio delle Corti richtig rund (44.408300, 10.125330).

Knackige Kurven rund um Bedónia.

Bardi
Bedónia
Borgo
Valmózzola
Solignano
Berceto
Calestano
Castellónchio
Passo del Brattello
Monte Molinático
Passo del Righedo
Passo della Cisa
Passo della Sillara
Passo di Cento Croci
Passo di Cirone
Passo di Ticchiano
Pontrémoli
Varese Lígure
Albareto
Zeri
Mulazzo
Bagnone
Villafranca in Lunigiana
Licciana Nardi
Fivizzano
Tresana
Aulla
Fórnoli
Sarzana
CARRARA
MASSA
LA SPÉZIA
Lérici
Portovénere
Lévanto
Monterosso al Mare
Vernazza
Corníglia
Manarola
Riomaggiore
Cinque Terre
Riviera di Levante
Golfo della Spézia
Ísola Palmária
Ísola del Tino
Ísola del Tinetto
Marina di Carrara
Marina di Massa
Forte dei Marmi
Sesta Godano
Rocchetta di Vara
Cálice al Cornovíglio
Brugnato
Borghetto di Vara
Santo Stéfano di Magra
Arcola
Ameglia
Castelnuovo Magra
Ortonovo
Fosdinovo
Monzone
Parco dei Cento Laghi
Parco Naturale Regionale di Montemarcello-Magra
EMILIA ROMAGNA
TOSCANA
LIGURIA

In der Unterwelt: kilometerlange Tunnel begeistern bei Deiva Marina.

Was passiert eigentlich, wenn man genau hier mit einer Panne stehenbleibt? Das frage ich mich immer. Zum Glück habe ich es noch nie wirklich herausfinden müssen, bis jetzt ist immer alles gut gegangen. Kiki und ich düsen gerade mit unserer BMW durch einen kilometerlangen Tunnel, der im wechselnden Rhythmus als Einbahnstraße eingerichtet ist. An den Einfahrten stehen große Anzeigetafeln, auf denen der Countdown bis zur grünen Ampel steht. Das kann schon mal lange dauern, aber wenn es so weit ist, wird man mit einer urigen Fahrt unter Tage belohnt. Uns führt die spannende Strecke von Deiva Marina nach Riva, kurz vor Sestri Levante. Das Küstenstädtchen mit seiner Altstadt und der kleinen Halbinsel Portobello ist immer einen Besuch wert.

Motorisiertes Sightseeing

Jetzt beschränken wir uns aber erst mal auf ein wenig motorisiertes Sightseeing und halten uns weiter immer an der Küste entlang. Unser Ziel ist der Golfo del Tigúllio. Die schöne Bucht umfasst den größten Badeort an der Riviera di Levante, Rapallo, das mondäne Hafenstädtchen San Margherita und das nicht weniger elegante, aber noch bekanntere Portofino. Es ist nicht immer ganz einfach, nach Portofino zu gelangen. Der Weg dorthin ist eine

Sackgasse, im Sommer ist hier mordsmäßiger Betrieb, und um in Portofinos Hafen ein Eis schlecken zu können, muss man erst mal einen Parkplatz finden. Wir schließen uns einfach den heimischen Rollerfahrern an, schießen am ganzen Stau vorbei und eine schmale Parklücke für unser Mopped ist auch schnell gefunden – dem Eis steht nichts mehr im Wege. Mehr als ein Eis wollen wir uns hier aber auch nicht gönnen. Ein kurzer Blick ins Hotelportal zeigt zentrale Übernachtungspreise von weit über 500 Euro pro Nacht, ein gutes Indiz für das allgemeine Preisniveau in Portofino. Immerhin, das Frühstück ist dabei.

Nun aber los in die Berge, Kurven und Kehren warten. Wir verlassen die Küste in Richtung Coreglia Ligure und sofort geht es über knackige Serpentinen in die Höhe. Hier haben sich die Straßenbauer richtig ins Zeug gelegt und eine fantastische Bergstrecke in den Fels gemeißelt – Kurve an Kurve, Serpentine an Serpentine. Schnell haben wir die SS225 erreicht, der wir aber nur kurz folgen und gleich wie-

Pause fürs Panorama am Cento Croci.

Biassa ist eines von Dutzenden idyllischer Bergstädtchen.

der weiter in Richtung Hinterland auf die SP42 abbiegen. Und prompt geht es hier weiter mit der Kurvenorgie. Der 725 Meter hohe Passo di Romaggi nimmt uns Empfang, ausgeschildert ist er als Passo Pozza del Lupo. Aber egal wie er heißt, die Straße ist genial und absolut einsam. Außer uns ist hier niemand unterwegs.

Leckerer Cappuccino

Kurz vor Mezzánego erreichen wir die SP586 und folgen den wilden Kurven zum Passo del Bocco. Der 956 Meter hohe Pass trennt Ligurien von der Emilia-Romagna und erlangte 2011 traurige Berühmtheit, als der belgische Radprofi Wouter Weylandt auf der Pass-Abfahrt beim Giro d'Italia stürzte, und seinen schweren Verletzungen erlag. Bedónia, das nette Bergdorf in der Provinz Parma erwartet uns schon mit einem einladenden Café, genau der richtige Zeitpunkt für einen leckeren Cappuccino. Gerade strecken

Hier geht es hinüber in die Region Emilia Romagna.

wir die Beine unter dem Tisch aus und genießen den ersten Schluck, da rollt ein Auto der Polizia Municipale neben unserer BMW aus. Der uniformierte Ordnungshüter nimmt die GS unter die Lupe und betrachtet sie von allen Seiten. Falsch geparkt? Ich bin mir keiner Schuld bewusst, gehe aber mal vorsichtshalber rüber und werde herzlich empfangen. Nein, es sei alles in Ordnung, meint der Polizist. Er würde sich nur für das Motorrad interessieren und selber ein ähnliches Modell fahren.

Wir erzählen noch ein bisschen über das Woher und Wohin, dann macht er sich wieder auf die Socken.

AUTOREN-TIPP

DIE ITALIENISCHE POLIZEI Auf eine selten komplexe Struktur, selbst für italienische Verhältnisse, bauen die Ordnungshüter in der Republik Italien. Da man eventuell auf einer Motorradreise mit den Uniformierten in Kontakt kommt, ist es recht interessant zu wissen, mit wem man zu tun hat.

Da wäre zuerst die zivile Staatspolizei, die Polizia di Stato, für allgemeine Polizeiaufgaben in größeren Städten. Die militärisch organisierten Carabinieri unterstehen dem Verteidigungsministerium ebenfalls für allgemeine Polizeidienste. Die Guardia di Finanza ist auch militärisch organisiert, sie dient als Finanz- und Zollpolizei und bekämpft Wirtschafts- und Steuer-Kriminalität. Die Direzione Investigativa Antimafia, die DIA, ist für die Mafiabekämpfung zuständig.

Auf nationaler Ebene bestehen noch einige besondere Polizeibehörden. Die Gefängnispolizei, Polizia Penitenziaria, die Forstpolizei heißt Corpo Forestale dello Stato, die militärisch organisierte Küstenwache Guardia Costiera. Auf lokaler Ebene kommen noch weitere Dienste hinzu, wie die örtliche Vigili Urbani oder die Polizia Municipale, hauptsächlich für Verkehr und kleinere Belange zuständig. Und als wäre das noch nicht genug, gibt es noch die Polizia Provinciale auf Provinzebene.

Wildes Zickzack in dauergrüner Landschaft

Wir brechen auch bald wieder auf, schlagen im wilden Zickzack den Weg durch die Berge und passieren in 1055 Metern Höhe den Passo di Cento Croci in dicht bewachsener grüner Landschaft. Auf kleinen, holprigen Nebenstrecken geht es dann wieder gen Norden und bald überqueren wir schon wieder den nächsten Pass, den Passo del Bratello, 953 Meter hoch. Er führt von der Emilia-Romagna hinüber in die Toskana, die dritte Region auf dieser Tour, und im weiteren Verlauf in das idyllische Pontrémoli. Kaum zu glauben, aber in dem beschaulichen Städtchen wird alljährlich

der internationale Buchpreis Premio Bancarella verliehen. Zu den illustren Preisträgern gehörten bisher unter anderem Ernest Hemingway, Umberto Eco, Ken Follett, Frank Schätzing und viele weitere weltbekannte Autoren.

Schwindelig vor Kurven

Und wieder sind es einige kleine Nebenstrecken, die uns in nördlicher Richtung wieder aus der Toskana hinaus in die Emilia-Romagna führen. Unser Ziel ist Corniglio, das von seiner Kirche aus ein fantastischen Blick in die Region bietet. Die anschließende Strecke zurück in Richtung Süden macht schwindelig. Hier ist fast nur noch Schräglage angesagt. In stetigem Wechsel geht es von links nach rechts, von rechts nach links, berg-

Die Ponte del Priori in Santa Maria del Taro.

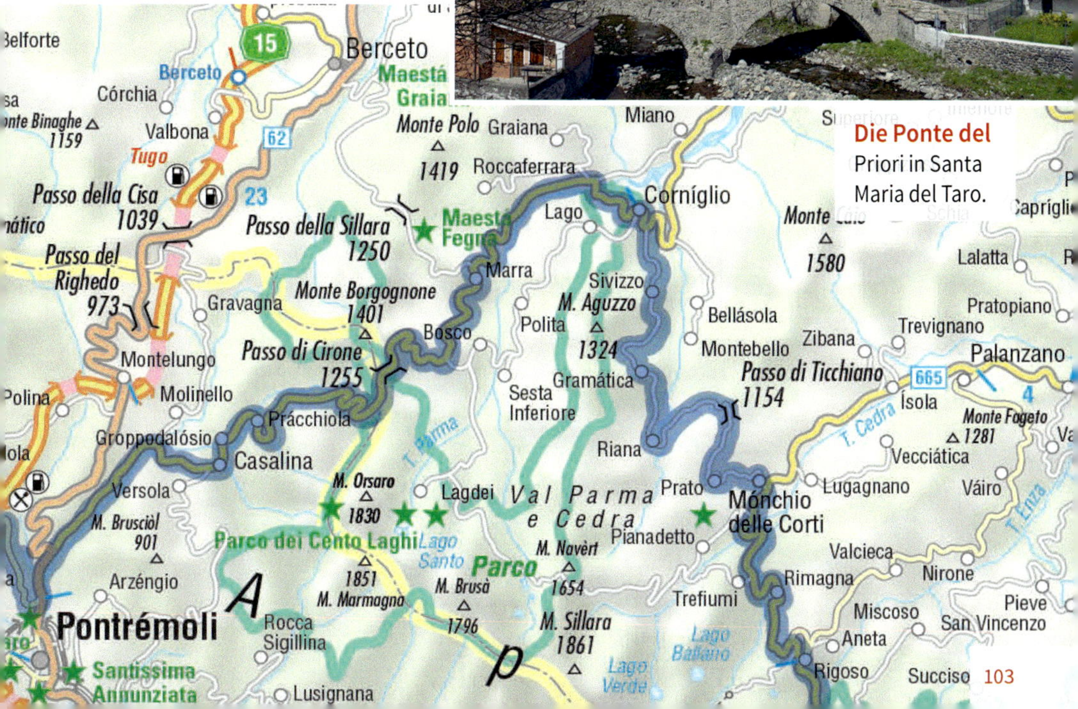

auf und bergab. Wie eine ausgerollte Luftschlange windet sich der Asphalt durch die Berge – des Motorradfahrers Traum. Am Passo di Ticchiano in 1154 Metern Höhe ist außer uns und einer Handvoll Radlern niemand unterwegs. Wir stürzen uns die südliche Rampe wieder hinunter und rollen am Lago Paduli aus; mit seinen grünen Ufern ist er der ideale Platz für eine kurze Pause.

Phänomenale Promenade

Über Fivizzano geht es zurück in Richtung Küste. Ein letzter Pass, der 514 Meter hohe Foce il Cuccù, dann haben wir Fosdinovo erreicht. Trotzig ragt dessen Castell in den Himmel, als Castello Malaspina fand es schon 1084 eine schriftliche Erwähnung. Von hier sind es nur noch wenige Kilometer bis zur Küste. Via Lérici erreichen wir schließlich den Golfo di La Spézia. An den Ufern der schönen Bucht liegen

Hinauf zur Burg von Compiano.

Lérici ist die „Perle am Golf".

Lérici, La Spezia und Portovénere, eines interessanter als das andere. Lérici lockt mit seiner markanten Festung mit einem fünfeckigen Turm. In ihr ist unter anderem ein kurzweiliges paläontologisches Museum untergebracht.

La Spezia protzt mit einer phänomenalen Promenade, dem mächtigen Castello San Giorgio und seiner Altstadt. Wer mag, besteigt in La Spezia eines der vielen Schiffe und Boote, die entlang der Küste zu den grandiosen Cinque Terre oder quer über die Bucht nach Lérici fahren. Im großen Fährhafen legen die imposanten Fährschiffe nach Afrika, Korsika und Sardinien ab. Portovénere schließlich gibt sich ganz der Sommerfrische hin. Gemeinsam mit den Cinque Terre gehört es seit 1997 zum Weltkulturerbe der

UNESCO, was den Tourismus weiter ankurbelte. Die tolle Häuserfront am alten Hafen ist eine grandiose Kulisse, um das südländische Flair zu genießen, und sich die würzige Meeresluft um die Nase wehen zu lassen.

Auf der Römerstraße

Es ist schon spät. Für die letzten zügigen 60 Kilometer zurück in unser Basislager Deiva Marina bemühen wir die Strada Statale 1, die Via Aurelia. Ursprünglich geht die Trasse dieser wichtigen Staatsstraße auf eine alte Römerstraße zurück, die einst zwischen Rom und Pisa entlang der Küste verlief. In späterer Zeit wurde sie mit weiteren antiken Straßen verbunden, sodass sich die Via Aurelia über annähernd 1000 Kilometer von Rom bis Arles erstreckte, schließlich sogar bis zur Via Domitia, der ersten Römerstraße, die in Gallien gebaut wurde – Asterix lässt grüßen.

Soweit wollen wir heute natürlich nicht mehr kommen. Uns reichen die letzten Kilometer bis Deiva Marina, dann haben wir eine lange, erlebnisreiche und anstrengende Tour hinter uns – einfach perfekt! ◀

Hoch über der Bucht von La Spezia.

INFOS ZUR TOUR

CHARAKTERISTIK

Diese Tour ist die sprichwörtliche Achterbahn. Ein echter Mix von schnellen Etappen mit bestem Asphalt bis zur rumpeligen, schmalen Bergstrecke. Die Route ist lang und anspruchsvoll, aber technisch sollte sie von jedem Motorradfahrer mit ein wenig Erfahrung zu schaffen sein – Pausen nicht vergessen!

PÄSSE DER TOUR

Der erste im Pässe-Reigen ist der 725 Meter hohe Passo di Romaggi, der auch als Passo Pozza del Lupo benamt ist. Ihm folgt der Passo del Bocco in 956 Metern Höhe, der Ligurien von der Emilia-Romagna trennt. In 1055 Metern Höhe folgt der Passo di Cento Croci. Holprige Nebenstrecken führen auf den nächsten Pass, den Passo del Bratello (953 Meter hoch). Der Passo di Ticchiano in 1154 Metern Höhe ist der vorletzte, der 514 Meter hohe Foce il Cuccù der letzte Pass dieser fantastischen Runde.

ÜBERNACHTUNG

Camping La Sfinge
Località Gea, I-19013 Deiva Marina
Feundlicher, etwas abseits liegender Platz, auf dem sich auch Bungalows mieten lassen.
www.campinglasfinge.com
GPS 44.226208, 9.549804

Hotel Tigullio
Via Giacomo Matteotti 1, I-16033 Lavagna
Sympathisches 3-Sterne-Familienhotel mit 39 Zimmern und eigenem Restaurant.
www.hoteltigullio.com
GPS 44.306434, 9.345617

KOMBINATIONSMÖGLICHKEITEN

In westlicher Richtung lässt sich diese Tour mit den beiden Imperia-Routen (4 und 5) kombinieren, gen Osten mit der Toskana-Route (8). Auch eine Schleife über Massa und Carrara im Osten oder Parma im Nordosten bietet sich an.

Kehren, Cols **und Kurven**

Die Alpi di San Benedetto an der Grenze zwischen der Emilia-Romagna und der Toskana sind das perfekte Motorradrevier. Schräglagensüchtige Sportler kommen hier genauso auf ihre Kosten wie erlebnishungrige Motorrad-Reisende. Auf genialen Bergstrecken ist der Kurvenspaß garantiert und die grandiose Landschaft überzeugt mit herrlichen Panoramen und tollen Bergdörfchen.

Gefühlt sechsstellig ist die Zahl der Kurven im Nationalpark der Alpi di San Benedetto.

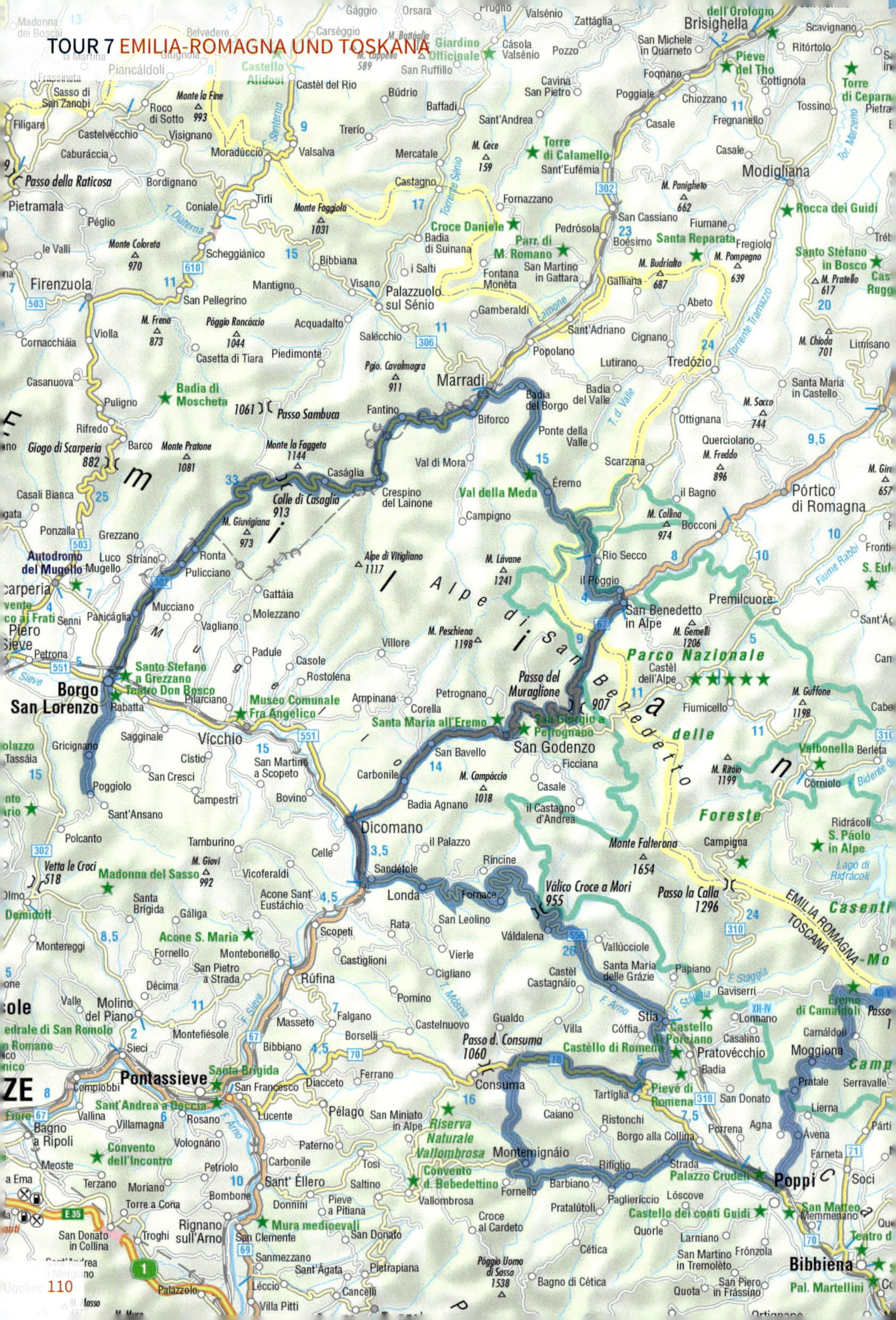
Brisighella
Modigliana
Marradi
Firenzuola
Palazzuolo sul Sénio
Borgo San Lorenzo
Vícchio
Dicomano
San Godenzo
San Benedetto in Alpe
Premilcuore
Pórtico di Romagna
Tredózio
Passo della Raticosa
Passo Sambuca
Giogo di Scarperia 882
Colle di Casaglia 913
Passo del Muraglione 907
Passo la Calla 1296
Monte Falterona 1654
Válico Croce a Mori 955
Passo d. Consuma 1060
Alpe di San Benedetto
Parco Nazionale delle Foreste Casentinesi
Autodromo del Mugello
Badia di Moscheta
Santo Stefano a Grezzano
Teatro Don Bosco
Museo Comunale Fra Angelico
Santa Maria all'Eremo
San Giorgio a Petrognano
Val della Meda
Croce Daniele
Parr. di M. Romano
Torre di Calamello
Rocca dei Guidi
Santo Stéfano in Bosco
Santa Reparata
Madonna del Sasso
Acone S. Maria
Pontassieve
Santa Brigida
Sant'Andrea a Doccia
Convento dell'Incontro
Riserva Naturale Vallombrosa
Convento d. Bebedettino
Mura medioevali
Consuma
Montemignáio
Stia
Castello di Porciano
Pratovécchio
Castello di Romena
Pieve di Romena
Eremo di Camaldoli
Camáldoli
Moggiona
Poppi
Palazzo Crudeli
Castello dei conti Guidi
Bibbiena
Pal. Martellini
Londa
Rúfina
EMILIA ROMAGNA
TOSCANA

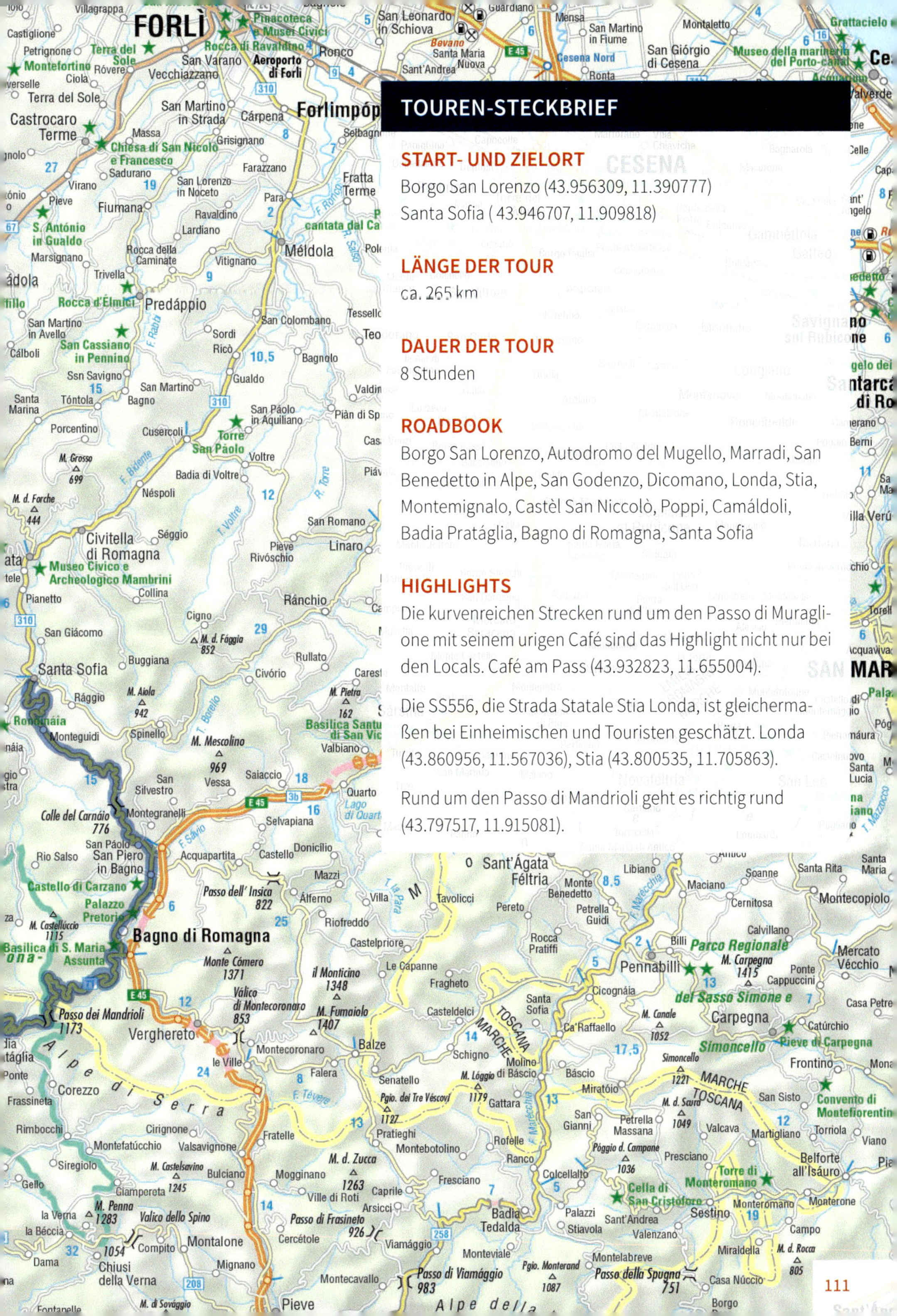

TOUREN-STECKBRIEF

START- UND ZIELORT

Borgo San Lorenzo (43.956309, 11.390777)
Santa Sofia (43.946707, 11.909818)

LÄNGE DER TOUR

ca. 265 km

DAUER DER TOUR

8 Stunden

ROADBOOK

Borgo San Lorenzo, Autodromo del Mugello, Marradi, San Benedetto in Alpe, San Godenzo, Dicomano, Londa, Stia, Montemignalo, Castèl San Niccolò, Poppi, Camáldoli, Badia Prątáglia, Bagno di Romagna, Santa Sofia

HIGHLIGHTS

Die kurvenreichen Strecken rund um den Passo di Muraglione mit seinem urigen Café sind das Highlight nicht nur bei den Locals. Café am Pass (43.932823, 11.655004).

Die SS556, die Strada Statale Stia Londa, ist gleichermaßen bei Einheimischen und Touristen geschätzt. Londa (43.860956, 11.567036), Stia (43.800535, 11.705863).

Rund um den Passo di Mandrioli geht es richtig rund (43.797517, 11.915081).

Die Panoramen der Emilia-Romagna verleiten häufig zu Pausen.

Es gibt Frühstücksszenarien, die sind einfach perfekt und man möchte gar nicht aufstehen. Dieses hier ist so eines. Wir sitzen an einem kleinen heimeligen Tisch in unserem urgemütlichen, mit viel Liebe hergerichteten B&B-Zimmer, die Fenster, durch die die Sonne hereinscheint, sind weit geöffnet und geben den Blick auf einen makellosen, herrlich blauen Himmel frei. Es riecht nach frischem Kaffee und getoastetem Brot, der aromatische Schinken und der frische Käse aus der Region munden vorzüglich und im Hintergrund spielt leise Pink Floyd. Zugegeben, die Musik vom iPad haben wir mitgebracht, aber alles andere hat Valeria dazu beigetragen. Wir fühlen uns in Ihrem B&B Locanda di Alberi bei Borgo San Lorenzo einfach sauwohl.

Am Autodromo

Vorgestern waren wir nach einer entspannten Anreise mit dem da noch existierenden Autoreisezug in Livorno angekommen. Hatten dann noch gut 100 Kilometer entlang des Flusses Arno zurückgelegt und waren dann hier eingetrudelt. Gestern erkundeten wir den ganzen Tag die wunderschöne Stadt Florenz und nun heißt es wieder aufbrechen – die Alpe di San Benedetto stehen auf unserem Programm. Fast

schon schweren Herzens verabschieden wir uns von Valeria, die – wie sollte es anders sein – gerade mal wieder ein weiteres Zimmer kunstvoll und fachkundig renoviert, und schwingen uns aufs Motorrad.

Bevor wir die ersten Pässe der Emilia-Romagna unter die Reifen nehmen, wollen wir noch für einen kurzen Abstecher in der Toskana bleiben. Unser Ziel ist das nur wenige Kilometer entfernt liegende Autodromo del Mugello. Unter Motorradfahrern ist die gut fünf Kilometer lange Rennstrecke natürlich bestens bekannt. Auf ihr wird schließlich jährlich im Rahmen der Motorrad-Weltmeisterschaft der Große Preis von Italien ausgefahren. Dann geht hier richtig die Post ab. Valentino Rossi hat hier bisher neun Mal den Sieg herausgeholt und wurde

Moppedtreff am Passo della Colla di Casaglia.

EXTRA-TIPP

AUTODROMO INTERNAZIONALE DEL MUGELLO

Die Rennleidenschaft der Italiener ist sprichwörtlich und in der Region Mugello wird sie sehr deutlich. Schon seit 1914 wird hier Motorsport-Geschichte geschrieben. In den ersten Jahren wurde auf einem legendären Straßenkurs gefahren – dem 66 Kilometer langen Circuito Stradale del Mugello – der unter anderem über den Passo del Giogo und den Passo della Futa führte. Seit 1974 ersetzt ein Rundkurs die temporäre Strecke auf öffentlichen Straßen: das 5,25 Kilometer lange Autodromo Internazionale del Mugello. Die Rennstrecke ist im Besitz von Ferrari. Auf ihr wird seit 1994 regelmäßig der Große Preis von Italien für Motorräder (MotoGP) ausgetragen. Ferrari testet hier für die Formel Eins, es finden auch regelmäßig Läufe der Tourenwagen-Meisterschaft DTM statt. Renn-Kalender und Infos zu Strecke gibt es unter **www.mugellocircuit.it**.

dabei von Tausenden Fans frenetisch gefeiert. Kaum zu glauben, als wir vor den Toren der Rennstrecke ausrollen herrscht hier tiefste Stille. Keine kreischenden Motoren, keine Besucher, kein Trubel. Das ist vielleicht auch gut so, sonst wäre wahrscheinlich kein Durchkommen.

Also machen wir uns auf die Reifen zurück auf die Strada Regionale

Es geht bergauf: Aufstieg in die „Alpe".

Verfahren unmöglich bei diesem Schilderwald bei San Benedetto.

SR302 und genießen den Aufstieg in die Alpe di San Benedetto. Sanft geschwungen windet sich der Asphalt bergauf, dichter Wald säumt unseren Weg, ab und an wird der Blick frei auf die umliegenden Täler und Hänge.

Hinter dem kleinen Nest Razzuolo ändert sich das schnell: Die Kurven werden enger, der Anstieg steiler und bald fegen wir durch die ersten Kehren. Der 913 Meter hohe Passo della Colla di Casaglia empfängt uns mit strahlendem Sonnenschein. Das Pass-Café Locanda della Colla ist ein beliebter Moppedtreff. Wir haben noch das Frühstück im Bauch und düsen weiter in Richtung Marradi.

Kleiner Grenzverkehr

In dem kleinen Bergdorf setze ich den Blinker rechts und auf der SP74 zirkeln wir zu Füßen des 1241 Meter hohen Monte Lavane durch jede Menge Kurven und Kehren. Hier queren wir auch die Grenze von der Toskana in die Emilia-Romagna und rollen

Pässe sammeln ist unsere Lieblingsbeschäftigung.

bald in San Benedetto in Alpe aus. Das überschaubare Nest ist als Basis für viele Wanderer und Mountainbiker beliebt. Zahlreiche Wanderwege in die umliegende, grandiose Natur sind hier ausgeschildert. Wir halten uns an die Schilder nach San Godenzo, genießen noch tolle zehn Kilometer mit zahlreichen Serpentinen und steuern schließlich in 907 Metern Höhe den Passo di Muraglione an. Der ist einfach ein Muss in dieser Region. Nicht nur die umliegenden unzähligen Kehren locken hierhin, allein das Café am Muraglione-Pass ist schon einen Besuch wert. Hier gibt es nicht nur lokale Spezialitäten zu genießen und kaufen, das Café ist ein lebendiges

Die Bar am Muraglione-Pass ist ein Museum …

Motorradmuseum. Spannende Fotos und Exponate an den Wänden, Regale voller Auto- und Motorradmodelle und vieles mehr spiegeln Jahrzehnte Motorrad- und Motorsport-Geschichte wider. Es findet sich sogar das Foto eines Wolfes, der hier ganz in der Nähe im verschneiten Wald abgelichtet wurde. An schönen Sommertagen parken schon mal weit über einhundert Motorräder vor dem Café und am Straßenrand und es sind nicht nur italie-

... und Motorradfahrer-Treff zugleich.

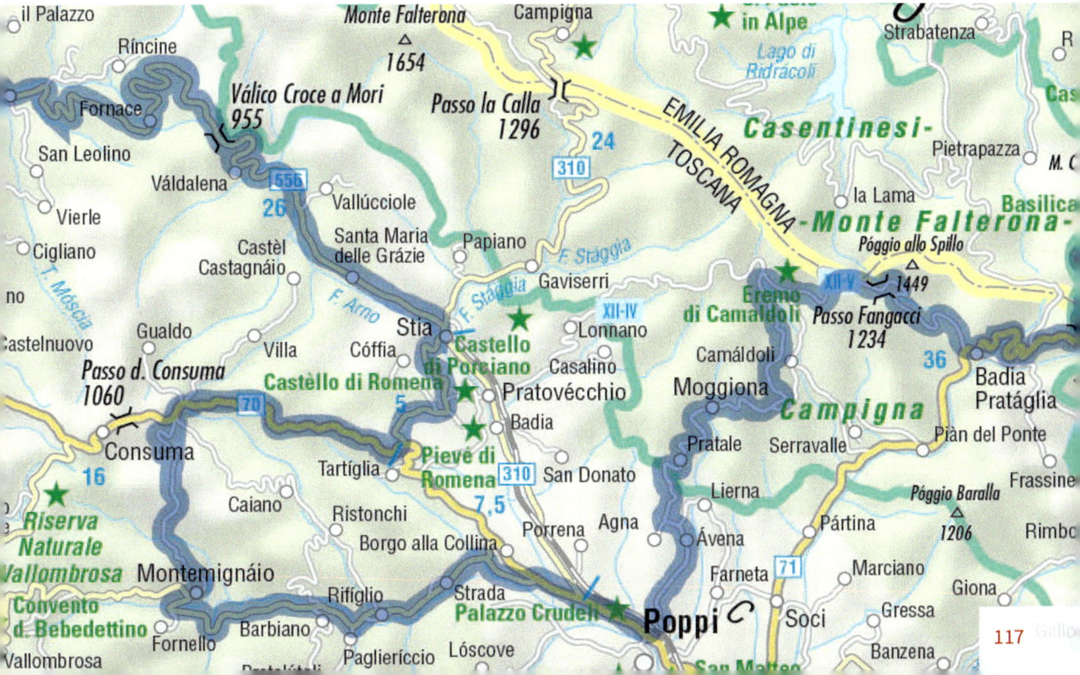

Mit solchen Felsformationen kann der Nationalpark aufwarten.

nische Kennzeichen dabei. Natürlich gönnen auch wir uns ein leckeres Panino mit Käse und Schinken, dazu gibt's einen köstlichen Cappuccino – einfach perfekt.

Heißer Espresso

Ab San Godenzo stürzen wir uns wieder in die Tiefe hinunter aus den Alpi di San Benedetto, aber nur um über die grandiose SS556, die Strada Statale Stia Londa, wieder aufzusteigen. Auch diese fantastische, kurvenreiche Strecke ist bei den heimischen Motorradfahrern beliebt, etwa in ihrer Mitte liegt der Pass Valico Croce a Mori in 955 Metern Höhe. Aber Vorsicht, einige der Kurven dieser Traumstraße haben es durchaus in sich. So mancher einspuriger Gummistrich, der hier an der Leitplanke oder im Graben endet, zeugt von Übermut und Selbstüberschätzung.

Stia, Montemignalo, Castèl San Niccolô, und vor allem Poppi – die vier nun folgenden Orte scheinen sich gegenseitig übertreffen zu wollen. In jedem dieser Bergdörfchen könnten wir

Die Provinz Arezzo protzt mit historischen Bauwerken …

stoppen, ein bisschen durch die wenigen, schmalen Gassen schlendern oder in der obligatorischen Bar einen starken und heißen Espresso trinken. Einladend sind sie fast alle, die bildschönen Dörfchen rund um den Monte Falterona.

Viele, viele Kurven

Poppi entlässt uns schließlich über die SP67 in nördlicher Richtung. Und weiter geht es mit dem Kurvenreigen. Stetig geht es bergan, und in wilden Schräglagen steuern wir auf den 1234 Meter hohen Passo Fangacci zu, an dem wir wieder von der Emilia-Romagna in der Toskana wechseln. Viel ist hier nicht los, außer ein paar Radlern und einer handvoll Motorradfahrern ist hier kaum jemand unterwegs. Ein paar Minuten und viele, viele Kurven später erreichen wir Badia Prataglia. Hier residiert das Besucherzentrum des riesigen Nationalparks „Foreste Casentinesi, Monte Falterona e Campigna". Die netten und hilfreichen Mitarbeiterinnen informieren umfassend über das große Angebot des Parks. Dazu gehören Wanderungen, Moun-

... und solch schönen Bergdörfern.

Auf den engen Straßen sollte man auf Querverkehr eingestellt sein.

Auf's Passschild kommt der obligatorische Aufkleber.

tainbike-Touren und vieles mehr. Ein Besuch lohnt sich, angeschlossen ist auch ein kleines Museum.

Und schon erwartet uns nur wenige Minuten hinter Badia Prataglia der nächste Pass, der Passo dei Mandrioli, über den es in 1 173 Metern Höhe wieder aus der Toskana heraus und in die Emilia-Romagna geht. Die Strada Regionale SR71 gibt nochmals alles, mit knackigen Schleifen und einigen Kehren führt sie uns an urigen Felsformationen vorbei nach Bagno di Romagna und in 776 Metern Höhe zum Colle del Carnaio. Klingt gruselig, Langenscheidt übersetzt Carnaio mit „Gemetzel, Massaker“ und tatsächlich kämpften hier einst die Florentiner eine blutige Schlacht. Das darüber hinaus deutsche Soldaten im Juli 1944 gleich südlich des Passes 26 Einwohner von San Piero in Bagno massakrierten, bestätigt den grausigen Namen. Eine Gedenkstätte erinnert noch heute daran.

Noch ein paar Kehren auf der SP 26, dann haben wir unser heutiges Ziel erreicht: Santa Sofia. Das Städtchen mit seiner Altstadt ist für diese Nacht unsere Bleibe, bevor es morgen in die Toskana (Tour 8) und dann weiter in die historische Region Montefeltro (Tour 9) geht. ◂

Fahrspaß zwischen Toskana und der Emilia-Romagna.

INFOS ZUR TOUR

CHARAKTERISTIK

Sportlich gefahren ist diese Runde recht anspruchsvoll. Wie die Bremsspuren auf dem Asphalt beweisen, kann man hier auch etwas verkehrt machen. Hier wird wirklich alles geboten: von der perfekten Landstraße bis zur verwinkelten Bergstrecke. Viel Spaß!

PÄSSE DER TOUR

Gleich zu Beginn lockt der 913 Meter hohe Passo della Colla di Casaglia. Zahlreiche Serpentinen später folgt der Passo di Muraglione in 907 Metern Höhe. Das Café am Pass ist ein legendärer Motorradtreff. Auf der SS556 lockt der Pass Valico Croce a Mori in 955 Metern Höhe. Der 1234 Meter hohen Passo Fangacci liegt direkt an der Grenze der Emilia-Romagna zur Toskana. Hinter Badia Prataglia schließt der Passo dei Mandrioli, über den es in 1 173 Metern Höhe wieder aus der Toskana heraus geht, den Pässereigen ab.

ÜBERNACHTUNG

B&B Locanda di Alberi
Via Gricignano 17, Poggiolo-Salaiole
I-50032 Borgo San Lorenzo
Sympathisches B&B mit tollem Ambiente.
www.locandadialberi.it
GPS 43.912806, 11.373786

Hotel-Ristorante il Muraglione
Passo di Muraglione, I-50060 San Godenzo
Das direkt am Pass gelegen Hotel bietet ordentliche Zimmer und ein gutbürgerliches Restaurant.
T +39 055 8 37 43 93
GPS 43.932767, 11.655094

KOMBINATIONSMÖGLICHKEITEN

Diese Route lässt sich prima mit Tour 9 durch die Marken kombinieren. Praktisch kann sie als Verbindung zwischen den Marken und der toskanischen Küste um Livorno genutzt werden.

Kurven und **Chianti**

Zwischen den Monti del Chianti und dem Gebirgszug der Colline Metallifere ist die Toskana genau so, wie man sie sich gemeinhin vorstellt – eine faszinierende, sanft bergige Kulturlandschaft, gespickt mit unglaublich vielen, reizvollen Zielen. Dazwischen laden fantastische Straßen zu kurzweiligen Entdeckungsreisen und bildschöne Städtchen zu einem erholsamen Dolce Vita – Erholung und Urlaub pur!

Schöne Picknickplätze finden sich im Chianti reichlich.

Montecastello
Castelnuovo
Cambiano
Ortimino
San Pietro in Mercato
San Pancrazio
Fornacette
Santuario di Santa Verdiana
Lungagnana
San Giusto a Monte Albino
San Michele a Polvereto
S. Lorenzo
Castelfiorentino
Collegiata dei Santi Lorenzo e Leonardo
Tavarnelle
Marcialla
Certaldo
Semifonte
Barberino Val d'Elsa
San Miniato a Maggiano
Palazzo Pretorio
Casa del Boccaccio
Gambassi Terme
Montaione
Castelfalfi
San Vivaldo
Súghera
Légoli
Capánnoli
Montefóscoli
Parco Preistorico
Péccioli
Montécchio
Casciana Terme
Mathelda
Terricciola
Lari
Crespina
Fáuglia
Usigliano
Lorenzana
Orciano Pisano
Santa Luce
Chianni
Lajático
Pástina
Pgio. Bianconella 590
Podere Sterza
Orciático
Spedaletto
San Donnino
Villamagna
Vicarello
Camporbiano
Bagni di Mommialla
Pieve di Cellole
San Gimignano
Poggibonsi
Racciano
Palazzo Comunale
la Madonnina
San Donato
Rovine Castelvécchio
Colle di Val d'Elsa
Conv. di San Francesco
Stággia
Castel San Gimignano
Torre di Montemiccioli
Quartáia
Abbadia Isola
Montebradoni
Palazzo dei Priori
Cinta etrusca
Duomo
Museo etrusco Guarnacci
Volterra
Montecatini Val di Cécina
la Chiostra
Saline di Volterra
Strada del Vino
Castellina Maríttima
Pgio. Vitalba 674
Pgio. Mela 654
Miemo
Riparbella
Nocolino
Terríccio
Rosignano Marittimo
Collemezzano
San Martino
Casa Giusti
Montescudáio
Casino di Terra
Guardistallo
Cécina
Sant'Antonio
Le Tamerici
Acquapark
Casale Maríttimo
Pieve di Sant'Ilario
San Giuseppe
Bibbona
Via Aurelia
Le Capanne
Marina di Bibbona
Forte di Bibbona
Bolgheri
San Guido
Villa di Póggio
Riserva Naturale di Caselli
Monteverdi Maríttimo
Canneto
Lustignano
Pomarance
Lanciáia
Rocca di Silano
Montecastelli Pisano
Larderello
Museo della Geotermia
San Dalmázio
Montecérboli
Radicóndoli
Libbiano
Micciano
Serra
Ponteginori
Casa San Lorenzo
Mazzolla
Cásole d'Elsa
San Lorenzo a Montalbano
Monte Santa Lucia 648
Ponte di Cécina
Montignégnoli
Anqua
Sasso Pisano
Castelnuovo di Val di Cécina
Castello di Bruciano
Riserva Naturale le Cornate Fosine
Gerfalco
Travale
Montieri
Chiusdino
S. Galgano
Marina di Castagneto Carducci
Castagneto Carducci
Castello di Bolgheri
San Sebastiano
Donorático
Castello di Donorático
Sassetta
Terme di Bagnolo
Lago Boracifero
Monterotondo Maríttimo
Frássine
Ponte Ritorto
San Vincenzo
Parco naturale costiero di Rimigliano
Rocca aldobrandesca
Suvereto
Rocca di San Silvestro
Madonna di Fucinaia
Campíglia Maríttima
Palazzo Pretorio
Pieve di San Giusto
Cafággio
Venturina
Castello di San Lorenzo
Montebámboli
Massa Maríttima
Duomo
San Pietro all'Orto
Palazzo del Podestà
Mura Medioevali
Monti
Perolla
Roccatederighi
Sassofortino
Montemassi
Ribolla
Castello di Pietra
Lago dell'Accesa
Cura Nuova
Riotorto
Vignale
Torre del Sale
Torre Mozza
Piombino
Porto Vécchio
Follónica
San Leopoldo
Via Aurelia
Scarlino
Gavorrano
Bagno di Gavorrano
Riserva Naturale di Follonica
Golfo di Follónica
Montepescali
Grilli
Necrópoli Etrusca
Batignano
Maremma Pisana
Colline Metallifere

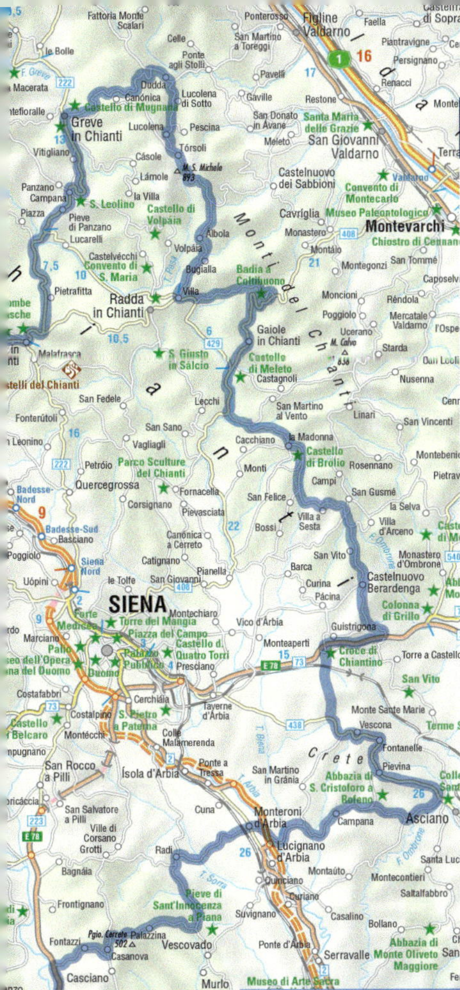

TOUREN-STECKBRIEF

BASISORT
San Gimignano (43.467237, 11.043418)

LÄNGE DER TOUR
ca. 380 km

DAUER DER TOUR
9 Stunden

ROADBOOK
San Gimignano, Poggibonsi, Castellina in Chianti, Greve in Chianti, Gaiole in Chianti, Asciano, Monteroni d'Arbia, Murlo, Monticiano, Campiano, Castelnuovo di Val di Cecina, Campiglia, Piombino, Baratti, San Vincenzo, Castagneto, Santa Luce, Volterra, San Gimignano

HIGHLIGHTS
Generell ein Highlight dieser Route sind natürlich die Berge des Chianti – Toskana eben, wie man sich vorstellt. Als Beispiel Greve in Chianti (43.582924, 11.317705).

Das Kurvengewurstel rund um Sassetta auf der Wein- und Olivenöl-Straße macht richtig Laune (43.127916, 10.643788).

Prägen die Toskana: Zypressenalleen.

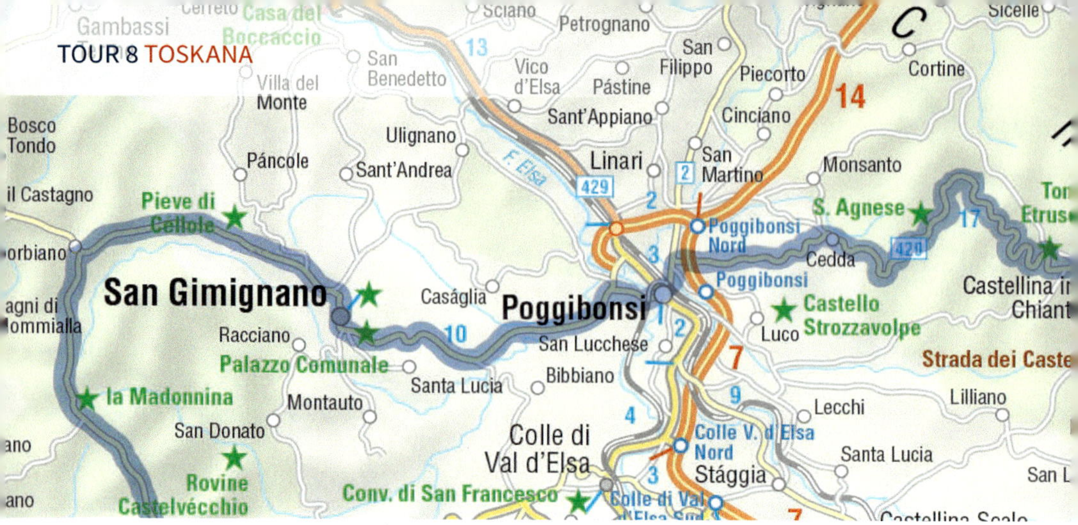

San Gimignano gilt als das mittelalterliche Manhattan.

Mittelalterliches Manhattan: welch ein treffender Name. 72 Türme, einer höher als der andere, ragten einstmals in San Gimignano in die Höhe. Wie in den Straßenschluchten des New Yorker Stadtbezirkes muss es damals ausgesehen haben, nur dass statt der gelben Taxis Kutschen und Karren durch die Straßen rollten. Okay, und der Straßenbelag war etwas anders und die Türme auch. Auch wenn der Vergleich vielleicht ein wenig hinkt, ein bisschen passt er dennoch. Heute sind in dem bildhübschen, toskanischen Städtchen noch 15 Türme übrig – immer noch beeindruckend.

Es waren die Patrizierfamilien, die versuchten, sich gegenseitig zu übertrumpfen. Je höher der Turm, desto

Das Chianti ist ein Kurvenparadies.

größer der Wohlstand und das Ansehen. 54 Meter hoch ist der Torre Grossa aus dem Jahr 1311, der bis heute den Höhenrekord hält. Schon seit 1990 ist San Gimignanos historischer Stadtkern Teil des UNESCO-Welterbes und gehört zu den meistbesuchten Zielen der Toskana.

Das beste Eis der Welt

Kein Wunder, die Stadt trotzt nur so vor Sehenswürdigkeiten. Sie ist ein einziges Freilichtmuseum und in der Piazza della Cisterna 4 gibt es das beste Eis der Welt. Garantiert! Schließlich hat Sergio Dondoli nicht umsonst die Weltmeisterschaft der Eismacher gewonnen. In seiner Gelateria präsentiert der mehrfache Preisträger rund 30 Sorten Eis, ein kleiner Teil davon sind mit landwirtschaftlichen Produkten aus der Region kreiert. So gibt es zum Beispiel zur Weinlese ein köstliches Weinsorbet. Aber auch die klassischen Sorten sind einfach ein Traum.

Verträumt sitzen Kiki, die beste Sozia der Welt, und ich auf den Steinstufen der Piazza. Wir beobachten das muntere Treiben auf dem großen Platz und genießen die eiskalte Erfrischung. Hinter uns, in der kleinen Neben-

Ein Bergdorf im Colline del Chianti.

straße wartet unser Motorrad. Noch ein letzter Löffel aus dem Eisbecher, dann geht es los. Wir verlassen San Gimignano in Richtung Osten und kaum haben wir die Stadt der Türme hinter uns gelassen, schwingt sich die Straße schon sanft durch das für die Toskana so typische Hügelland. Nur wenig später rollen wir durch Poggibonsi und es fällt uns schwer, so einfach hindurchzufahren. So reizvoll ist der Ort, dass wir am Liebsten gleich wieder anhalten würden. Aber schließlich wollen wir heute Motorradfahren und fürs Bummeln haben wir ja noch ein paar Tage.

Auf der Weinstraße

Also nehmen wir weiter Kurs auf die Monti del Chianti. Schon die Etrusker und die Römer bauten in der hügeligen Kulturregion Wein an. Die Rotweine des Chianti sind seit Jahrhunderten weltweit populär und geschätzt. In

Auf interessanten Nebenstrecken durch die Weinberge.

Castellina in Chianti treffen wir auf die Via Chiantigiana, die 70 Kilometer lange Weinstraße. Sie verbindet Florenz mit Siena und führt über herrliche Straßen entlang unzähliger bekannter Weingüter. Eine komplette Runde mit dem Motorrad auf dieser interessanten Strecke ist auch keine schlechte Idee.

Bis Greve in Chianti folgen wir ihr, dann biegen wir in einem großen Bogen rechts ab und nehmen den hügeligsten Abschnitt des Chianti unter die Räder. Hier ist die Toskana genauso,

EXTRA-TIPP

SIENA Ziemlich genau im Zentrum dieser Rundtour durch die Toskana liegt Siena. Der ehemalige Stadtstaat gilt nicht ohne Grund als eine der schönsten Städte Italiens und ist unbedingt einen Besuch wert. Siena hat sich seinen mittelalterlichen Charme bewahrt und beeindruckt mit einer großen Zahl antiker Bauwerke. Extrem beeindruckt hat uns die unvergleichliche Piazza del Campo, die seit über 600 Jahren den zentralen Mittelpunkt der Universitätsstadt bildet. Ein unbedingtes Muss ist der Besuch des Palazzo Publico, früher Sitz der Regierung, der direkt an den Platz grenzt. Der gut 100 Meter hohe Glockenturm des Palastes kann über rund 500 Stufen erklommen werden: Die Aussicht ist einfach grandios und macht alle Mühen wieder wett.

Auf der Piazza del Campo liegt auch die zentrale Touristinfo. Hier gibt es Stadtpläne und ausführliche Infos über das hochinteressante Programm und die zahlreichen Sehenswürdigkeiten der Stadt. Die offizielle, auch englischsprachige Internetseite der Touristinfo ist **www.terresiena.it**.

Die Altstadt selber ist fahrzeugfrei, es gibt jedoch einige Motorrad-Parkplätze direkt an deren Rand und für das Zweirad findet sich immer ein Platz.

Macht Laune – Europastraße mit Aussicht.

wie man sie sich gemeinhin vorstellt. Ein sanft bergiges Land, auf den Hügel gespickt mit urigen kleinen Dörfern, deren Dächer terrakottafarben in

Mit Wehrturm: Kirche Santa Maria in Panzano.

der Sonne leuchten. Dazwischen immer wieder lange Reihen von Zypressen und Wacholder, schmale Straßen säumend. Immer wieder stoppen wir, können gar nicht genug fotografieren und staunen, setzen uns einfach mal in die Wiese und genießen den tollen Ausblick und die himmlische Ruhe. Ja, es stimmt, hier in der Toskana kann man wirklich die Seele baumeln lassen.

Herz des Chianti Classico

Kurz vor Gailoe in Chianti treffen wir auf eine weitere Themenstraße, die Burgenstraße Strada die Castelli del Chianti. Sie führt gut ausgeschildert durch das Herz des Chianti Classico und führt entlang historischer Schlösser und bedeutender Kastelle und Burgen. Auch ihr folgen wir ein Stück weit, treffen unsere alte Bekannte, die Via Chiantigiana wieder und entscheiden uns für ein kurzes Stück auf der Europastraße 78. Diese würde uns mitten hinein nach Siena führen.

Natürlich reizt uns ein Besuch in dem früheren Stadtstaat. Schließlich gilt Siena als eine der schönsten Städte ganz Italiens, aber der ausgiebige Bummel durch die mächtige Altstadt braucht Zeit und Muße. Wir nehmen uns vor, einen ganzen Tag dort zu verbringen und biegen schnell wieder gen Süden ab und folgen den Schildern nach Asciano. Der Hauptort der Crete Senesi, ein Landstrich, der nach seiner hellen Erde benannt ist, lockt mit einer schönen historischen Altstadt. Gerade richtig, um kurz unsere BMW ins Eck zu stellen und in einem der einladenden Straßencafés einen leckeren Cappuccino zu genießen.

Und fast immer die Zypressen im Blick.

Nebenbei bemerkt: Der aus Italien stammende Cappuccino, eine kunstvolle Zubereitung aus einem Espresso, heißer Milch und Milchschaum, wird

In der bergigen Landschaft der Colline Metallifere.

Ein wahres Eldorado für Zweiradfahrer.

üblicherweise in Italien zum Frühstück, aber fast ausschließlich vor der Mittagszeit getrunken. Bei der Zubereitung entstehen durch die Bewegungen des Kännchens beim Eingießen des Milchschaums mitunter urige Muster und Bilder. Manche Wirte machen daraus eine echten Kult und es gibt sogar eine Weltmeisterschaft darin: die World Barista Championship.

Asciano entlässt uns in Richtung Westen und die vielen folgenden Kilometer durch die Colline Metallifere sind Genuss pur und echte Erholung. Die Colline Metallifere sind, wie der Name schon vermuten lässt, ein Gebirgszug, der einst durch seine Bodenschätze glänzte.

Bergbau-Region

In dem Toskanischen Erzgebirge wurden bereits seit der Antike Mineralien wie Eisenerz, Kupfer und Silber abgebaut. Bis in die siebziger Jahre des vergangenen Jahrhunderts war der Bergbau die Haupteinnahmequelle der Region. Die Erinnerung daran soll erhalten bleiben und so finden sich in dem heute meist vom Tourismus lebenden Landstrich viele Hinweise und Informationstafeln zu diesem Thema. Mit dem Nationalpark Parco Tecnologico e archeologico delle Colline

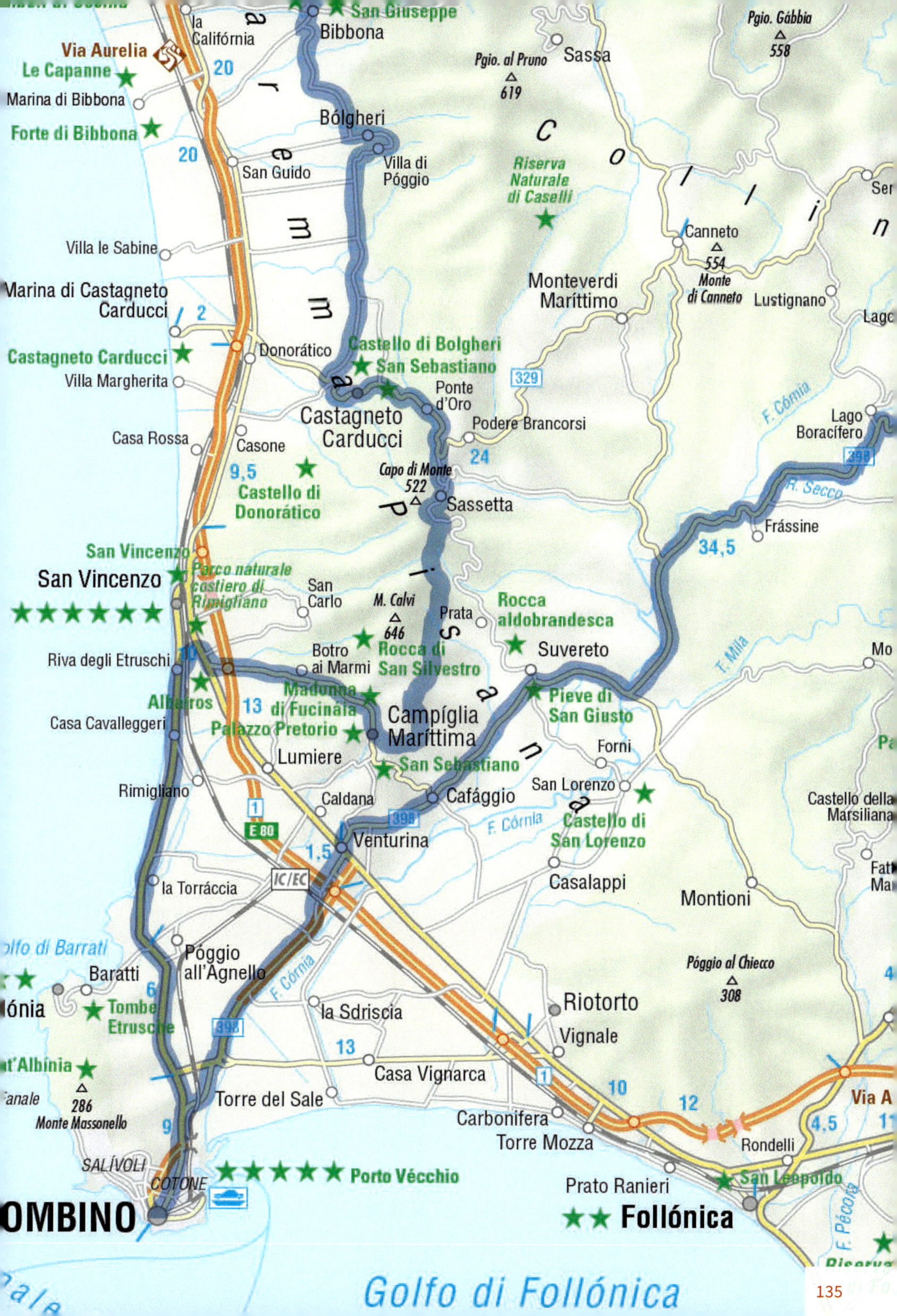

San Giuseppe
Bibbona
la Califórnia
Via Aurelia
Le Capanne
Marina di Bibbona
Forte di Bibbona
Bólgheri
Villa di Póggio
San Guido
Villa le Sabine
Marina di Castagneto Carducci
Castagneto Carducci
Villa Margherita
Donorático
Casa Rossa
Casone
Castello di Bolgheri
San Sebastiano
Ponte d'Oro
Podere Brancorsi
Castagneto Carducci
Castello di Donorático
Capo di Monte 522
Sassetta
San Vincenzo
San Vincenzo
Parco naturale costiero di Rimigliano
San Carlo
M. Calvi 646
Prata
Rocca aldobrandesca
Riva degli Etruschi
Botro ai Marmi
Rocca di San Silvestro
Suvereto
Albatros
Madonna di Fucinaia
Campíglia Maríttima
Pieve di San Giusto
Casa Cavalleggeri
Palazzo Pretorio
Lumiere
San Sebastiano
Forni
Rimigliano
Caldana
Cafággio
San Lorenzo
Castello di San Lorenzo
Venturina
F. Córnia
Casalappi
la Torráccia
IC/EC
E 80
Golfo di Barrati
Póggio all'Agnello
Baratti
Tombe Etrusche
la Sdriscia
Riotorto
Vignale
Casa Vignarca
Torre del Sale
Carbonifera
Torre Mozza
Monte Massonello 286
SALÍVOLI
COTONE
Porto Vécchio
Prato Ranieri
Follónica
OMBINO
Golfo di Follónica
Pgio. al Pruno 619
Sassa
Pgio. Gábbia 558
Riserva Naturale di Caselli
Canneto
554 Monte di Canneto
Monteverdi Maríttimo
Lustignano
F. Córnia
Lago Boracífero
R. Secco
Frássine
T. Milia
Castello della Marsiliana
Montioni
Póggio al Chiecco 308
Rondelli
San Leopoldo
F. Pécora
Via A
Maremma
Colline
Pisana
329
398

Arai
HEPCO &
BECKER
GS

Nimm mich mit, Kapitän, auf die Reise – Kiki an der schönen Küste .

In der Bucht von Baratti.

Metallifere wurde ein Großteil der Region deshalb auch unter besonderen Schutz gestellt.

Langsam, aber sicher: Je mehr wir uns dem Südosten unserer Route nähern, desto flacher wird das Land. Die Küste kommt in Sicht und wir nehmen Kurs auf Piombino. Man darf sich nicht täuschen lassen. Fährt man auf Piombino zu, erwartet man erst mal nichts Gutes. Viel Industrie und Mittelstand hat sich um die Stadt angesiedelt, Hochofen und Stahlwerk wirken nicht sonderlich attraktiv. Je näher wir jedoch dem Zentrum und der Altstadt kommen, umso beeindruckender wird die Stadt. Am Porto Antico, dem alten Hafen, angekommen, sieht die Welt schon gleich anders aus. Viel der alten Bausubstanz ist erhalten geblieben, und die Altstadt überzeugt mit tollen Gemäuern, interessanten Gassen und dem Hafenviertel. Ab Piombino pendeln übrigens auch die Fähren hinüber auf die Insel Elba, die bekanntlich auch zur Toskana gehört.

In einem kleinen Lebensmittelladen decken wir uns mit regionalen Leckereien und einem frischen Brot ein, dann verlassen wir Piombino und

Schönes gibt es nicht nur an der Toskana-Küste.

halten uns nach Norden. Unser Ziel ist die Bucht von Baratti an der Riviera degli Etruschi, nur gute zehn Kilometer entfernt. Hier erwartet uns ein weitläufiger Sandstrand, gesäumt von dichten grünen Wiesen. Auf dem Grün lassen wir das Motorrad ausrollen, packen unser Picknick aus und genießen den entspannenden Blick aufs Meer und die heranrollenden Wellen.

Auf der Flucht

Wir könnten noch viel länger an diesem herrlichen Stück Strand bleiben, aber irgendwann müssen wir zurück und zudem nähert sich aus dem Hinterland eine dunkle, Regen versprechende Wolkenwand. Unsere Flucht gen Norden verläuft einer weiteren touristischen Route. Ihr wohlklingender Name La Strada del Vino e dell'Olio Costa degli Etruschi macht

Motorisiertes Sightseeing für Fortgeschrittene.

klar, worum es geht: Wein und Olivenöl. Entlang schier endloser Weinflächen und Olivenbaumhaine folgen wir dem Verlauf der Küste im Hinterland. Mal zirkelt die Straße durch toskanisches Bergland, dann geht es wieder ein gutes Stück schnurgerade durch die faszinierende Kulturlandschaft – Abwechslung pur. Vor allem in ihrem nördlichen Teil schwingt sich die Wein- und Olivenstraße wieder durch die Berge, klettert auf fast 500 Meter Höhe. Bei Santa Luce machen wir noch einen Abstecher zum gleichnamigen See, ein beliebtes Ausflugs- und Wanderziel, dann halten wir uns wieder ins Landesinnere und erreichen über Volterra auch bald wieder das „Mittelalterliche Manhatten": San Gimignano. ◀

Zum Relaxen – San Gimignano am Abend.

INFOS ZUR TOUR

CHARAKTERISTIK

Die Toskana – unsere Traumlandschaft für einen erholsamen und entspannten Motorradurlaub, bei dem es viel zu entdecken gibt. Zwischen einladenden italienischen Städtchen liegt eine faszinierende Kulturlandschaft, die ihresgleichen sucht. Kurven- und Fahrspaß satt gibt es hier ohne Ende. Hier kommen sportliche Fahrer und Freunde des entspannten Cruisens gleichermaßen auf ihre Kosten.

ÜBERNACHTUNG

Il Molino del ponte
Via Volterrana Nord 42, I-50025 Montespertoli
Besonders engagiertes Hotel mit 21 freundlichen Zimmern und nettem Team, überdachte Stellplatze, Pool und Bar mit Selbstbedienung.
www.motorradhoteltoskana.com
GPS 43.656495, 11.084824

Camping Boschetto di Piemma
Località Santa Lucia 38/c, I-53037-San Gimignano
Campingplatz in altem Eichenwald mit Schwimmbad und einladendem Restaurant, freundliches Team, es lassen sich auch Bungalows mieten.
www.boschettodipiemma.it
GPS 43.453280, 11.053443

Villa La Cappella
Via Lucardese 175, I-50025 Montespertoli
Ansprechendes Familienhotel mit beheiztem Schwimmbad und Terrasse.
www.villalacapella.net
GPS 43.624832, 11.100374

KOMBINATIONSMÖGLICHKEITEN

Wer diese Tour noch verlängern möchte, hängt noch ein südlichen Abstecher an den Monte Amiata oder in den Westen an den Lago Trasimeno an.

San Gimignano gilt als eines der schönsten Städtchen der Toskana.

Stadt der Türme

San Gimignano in der Provinz Siena fasziniert mit seinem historischen Stadtkern und den einmaligen mittelalterlichen Geschlechtertürmen.

Mitten in der Toskana, auf einem kleinen Hügel in rund 330 Metern Höhe und umgeben von schier endlos scheinenden Weinbergen liegt das bezaubernde San Gimignano in der Provinz Siena. Die wirtschaftlich günstige Lage an der Via Francigena, des einstigen Hauptverkehrsweges der Händler auf ihrem ertragreichen Wegen zwischen dem Norden Italiens und Rom, und der spätere intensive Anbau von Safran, verhalf der Marktstätte zu einem wirtschaftlichen Aufstieg.

Wo Reichtum, da auch Missgunst und Prahlerei. Die ansässigen Patrizierfamilien zeigten ihre Bedeutung und ihren Stand durch das Errichten der sogenannten Geschlechtertürme. Je höher der Turm, desto angesehener der Erbauer. Es muss ein unglaublicher Anblick gewesen sein, als im Mittelalter nicht weniger als 72 dieser mächtigen Türme in den blauen Himmel der Toskana ragten. 15 dieser Bauwerke stehen noch heute. Der Torre Grossa ist mit seinen 54 Metern der höchste. Er wurde 1311 errichtet.

Im Labyrinth uriger Gassen.

SAN GIMIGNANOS historischer Stadtkern ist UNESCO-Weltkulturerbe. Zentraler Platz und Treffpunkt ist die Piazza della Cisterna, direkt am Rathaus. Von ihr zweigen schmale und urige Gassen in alle Richtungen ab. Sehenswert ist der Blick von der Burgruine der Rocca di Montestaffoli, die mit ihrem Park nur wenige Gehminuten westlich liegt. Vom Turm im Park della Rocca gibt es einen fantastischen Blick in die Region.

Sehr interessant ist die Divinorum Wine Bar gleich südlich der Piazza. Hier lassen sich über 200 regionale Weine probieren und lokale Köstlichkeiten genießen. Das weltbeste Eis gibt es direkt an der Piazza beim Weltmeister Dondoli. Wer es gerne gruselig mag, wandert durch das Museo della Tortura, das Foltermuseum in der Via San Giovanni. ◀

Die Altstadt lockt mit einladenden Restaurants.

Die Hügel des **Montefeltros**

Wer sie überwindet, findet sich alsbald an der Adria wieder. Bis dahin und auch für den Rückweg gibt es aber eine Menge rassiger Motorradstraßen. Geschichtsfans kommen zudem auf ihre Kosten: In San Marino und Umgebung ist der Einfluss des Vatikans bis heute zu spüren. Und Urbino gilt als eine der schönsten Städte Norditaliens.

Die Hügelstrecken im Montefeltro – des Motorradfahrers Traum.

RÍMINI
Acquarium
Italia in miniatura
Arco d'Augusto
Ponte di Tiberio
Tempio Malatestiano
Palazzo dell'Arengo
San Giovanni Battista
Aeroporto di Rimini-Miramare
Riccione
Autodromo Santa Monica
Savignano sul Rubicone
Santarcángelo di Romagna
Santarcangelo dei Teatri
Villa Gualdo
Castello di Ribano
Longiano
Sogliano al Rubicone
Verúcchio
Valle del Marecchia
SAN MARINO
Basilica di San Marino
Rocca
Palazzo Pubblico
M. Titano 750
Montescudo
Morciano di Romagna
Rocca Malatestiana
Castello
Saludécio
Palazzo Albini
Riserva Naturale di Onferno
Grotte Carsiche
EMILIA ROMAGNA
MARCHE
Sársina
Basilica Santuario di San Vicinio
Museo Archeologico
San Leo
Rocca di San Leo
San Leone
Novafeltria
Rocca di Maioletto
Madonna di Pugliano
Sant'Ágata Féltria
Pennabilli
Parco Regionale del Sasso Simone e Simoncello
M. Carpegna 1415
Carpegna
Pieve di Carpegna
Montecopiolo
Monte Cerignone
Mercato Vécchio
Macerata Féltria
Rocca Ubaldinesca
Sassocorvaro
Mercatale
Lago di Mercatale
Convento di Montefiorentino
Torre di Monteromano
Cella di San Cristoforo
Belforte all'Isáuro
Lunano
Piandimeleto
Urbino
Fortezza Albornoz
Orto Botanico
Duomo
Palazzo Ducale
Urbánia
Chiesa dei Morti
San Cristoforo
Sant'Ángelo in Vado
Mercatello sul Metáuro
S. Andrea in Corona
TOSCANA
Alpe della Luna
Passo di Viamággio 983
Bocca Trabária 1049
Sansepolcro
Fortezza Medicea
Museo Civico di Sansepolcro
Conv. di Monte Casale
Anghiari
Monterchi
Madonna del Parto
CITTÀ DI CASTELLO
Museo del Capitolo del Duomo di Città di Castello
Palazzo Vitelli
Terme di Fontecchio
Madonna d. Belvedere
Abbazia di Montemaggiore
Madonna dei Cinque Faggi
Pieve d. Riso
Bocca Serriola 730
Apécchio
Piobbico
S. Ansuino
UMBRIA
Pietralunga
San Benedetto
Parrocchia di Morena
Serra di Burano
Cagli
Basilica Cattedrale
Museo archeologico e della Flaminia
Acqualagna
Fermignano
Cantiano
Appennino

TOUREN-STECKBRIEF

BASISORT

Perticara (43.906340, 12.240601)

LÄNGE DER TOUR

ca. 320 km

DAUER DER TOUR

8 Stunden

ROADBOOK

Perticara, Novafeltria, San Leo, San Marino, Montefiore Conca, Saludécio, Tavúllia, Cattólica, Pésaro, Monteciccardo, Saltara, Fossombrone, Urbino, Urbánia, S. Angelo in Vado, Pian di Meleto, Sassocorvaro, Carpegna, Pennabilli, Casteldelci, Sant' Agata Féltria, Perticara

HIGHLIGHTS

Für uns ist das ganze Montefeltro ein Highlight. Im Süden der Tour haben uns die Strecken vor und hinter Urbino besonders Spaß gemacht, auch die Stadt selber ist ein Gedicht (43.726555, 12.639619).

Die Via Panoramica SP44 hoch über der Adria zwischen Cattólica und Pésaro kombiniert Fahrspaß mit tollem Panorama (Ortsausfahrt Cattólica: 43.963103, 12.764785).

Das Montefeltro ist Italien für Genießer.

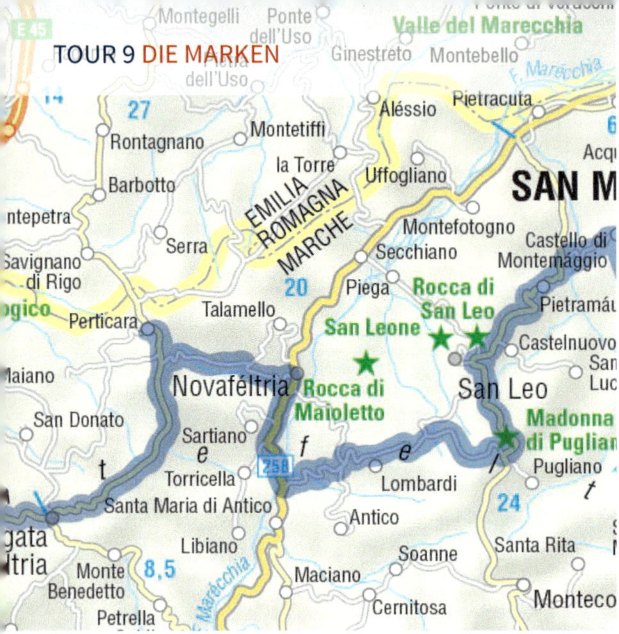

Warme, würzige Luft strömt unter den Helm. Es riecht nach Gras, Blumen, Blüten. Dicht belaubte Büsche und Bäume huschen an uns vorbei. Hoch über uns am leuchtend blauen Himmel drehen ein paar Greifvögel ihre trägen Runden, spähen hinunter auf die sanft gewellten Wiesen und Weiden. Genau vor uns, dort, wo die schmale Straße uns hinführt, wächst ein gewaltiger Fels in die Höhe. Hell strahlt seine steile Wand in der Sonne, nur unterbrochen von ein paar kleinen grünen Gewächsen, die sich verzweifelt in irgendwelchen Spalten festklammern. Oben auf dem Gipfel, weithin sichtbar, thront die wehrhafte Festung San Leo. Ein gewaltiges Bauwerk aus dem Mittelalter, das seit Jahrhunderten über die geschichtsträchtige Landschaft der Marken und des Montefeltro wacht.

Wohin soll es denn gehen? Egal, ist überall schön!

Schon Dante und Niccolò Machiavelli ließen sich von San Leos mächtiger Burg inspirieren, in deren düsteren Kerkern der Vatikan in späteren Jahren gerne seine Gegner foltern und ver-

hungern ließ. Blutige Schlachten wurden um sie geschlagen, während denen ganze Teile der Festung vom Berg in die Tiefe stürzten.

Wache am Stadttor

Heute ist San Leo ein ungleich friedlicherer Ort. Nur eine schmale Straße führt direkt entlang des Berghangs zum mittelalterlichen, grob gepflasterten Marktplatz im historischen Zentrum. Mit der BMW rollen Kiki und ich die steile Zufahrt hinauf. Wie in alten Zeiten wird im Sommer, in der Hauptsaison, das enge Stadttor von Uniformierten bewacht. Früher hielt man hier nach Übeltätern und Bettlern Ausschau, verweigerte verdächtigen Gestalten den Zugang zur Stadt. Heute versuchen die Polizisten nur, mit theatralischen Gesten und lautem Palaver, den Verkehr halbwegs in den Griff zu kriegen. Für uns ist es noch früh, die Gassen sind angenehm

Historische Schönheit: Sant'Agata Feltria.

In manche Ortskerne geht es nur zu Fuß.

EXTRA-TIPP

SAN MARINO Die Repubblica di San Marino ist einer der europäischen Zwergstaaten und die älteste Republik der Welt, sie wurde bereits im 4. Jahrhundert als christliche Gemeinschaft auf dem Bergrücken des Monte Titano gegründet. Heute gehört der Felskamm, auf dem sich San Marino hauptsächlich befindet, zum UNESCO-Welterbe und zählt nicht weniger als drei mächtige Festungen. San Marino ist von einer 39 Kilometer langen Grenze nach Italien umgeben. Es grenzt an die Regionen Marken und Emilia-Romagna.

In die gleichnamige Hauptstadt locken der Regierungspalast, der Palazzo Pubblico und die interessanten Burgen sowie das grandiose Panorama über die Region. Über 1000 Geschäfte und die zahlreiche Museen wie das Waffen- oder das Folter-Museum sorgen für nicht weniger als zwei Millionen Touristen im Jahr. Besonders faszinierend fanden wir das Ferrari- und Abarth-Museum.

Zum Besuch San Marinos (43.937821, 12.445841) einfach an der Bodenstation der Seilbahn (Borgo Maggiore 43.940430, 12.445165) parken und mit der Gondel in die Höhe schweben.

leer und mit dem Motorrad ist es meist sowieso kein Problem, sich durch die schmalen Durchfahrten zu quetschen.

Rumpeliges Kopfsteinpflaster führt uns unter alten Balkonen und zwischen altem Gemäuer hindurch ins Zentrum. Am Rand des Marktplatzes, gleich neben der Kathedrale, lasse ich das Motorrad ausrollen. Gemütlich gedeckte Tische locken in die warme Sonne. Wir können gar nicht anders. Kiki und ich ordern „due cappuccini", strecken die Beine unter dem Tisch aus und lassen uns von den Sonnenstrahlen verwöhnen. Ein wenig Abwechslung bekommen wir auch gleich geboten. Ein einheimischer Apefahrer versucht sich im Einparken und obwohl sein klappriges Dreiradfahrzeug nun wirklich nicht viel Platz braucht, schafft er es zielsicher, den größten

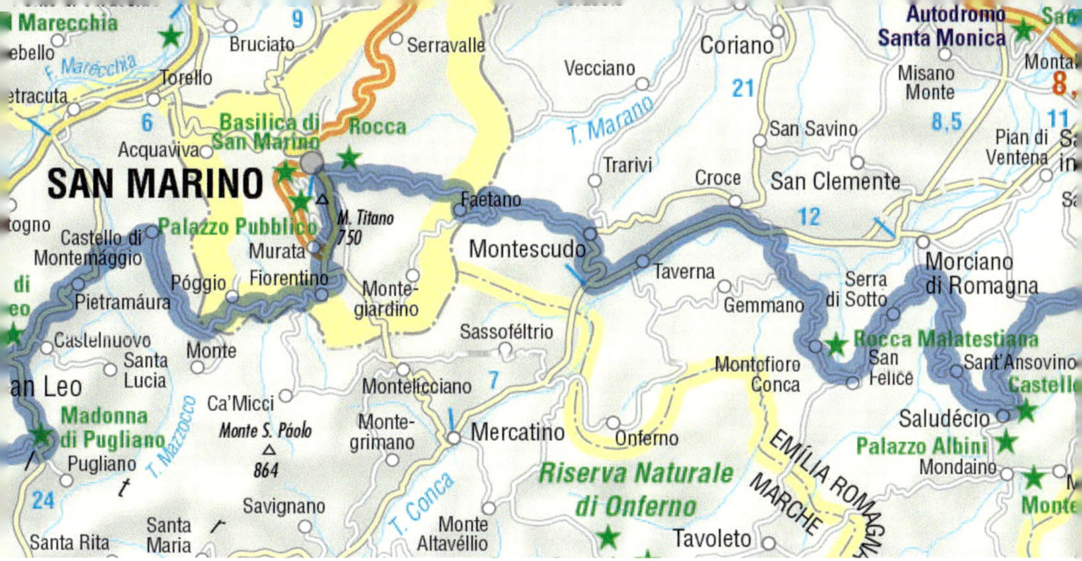

der Blumenkübel umzuwerfen. Beifall brandet auf und unter großem Gelächter wird der Topf wieder aufgerichtet. Den Fahrer ficht das nicht wirklich an, mit mindestens 80 Jahren Lebenserfahrung steht man wohl über solchen Kleinigkeiten.

Zu Besuch beim Doctor

Bald lassen wir San Leo wieder hinter uns, tauchen ab in die dichten Wälder des Montefeltro. Wild schlängelnd und mit herrlichen Panoramen, mal bergauf, mal bergab, führen uns die kleinen Nebenstrecken in Richtung Küste. Immer wieder fordern Frostaufbrüche im Asphalt und kleine Bergrutsche meine Aufmerksamkeit. Der letzte Winter war hart und kalt und bis alle Schäden beseitigt sind, hat es wahrscheinlich schon längst wieder zu schneien begonnen.

Tavullia, das kleine Städtchen liegt rund 170 Meter über dem Meeresspiegel und ist dem Meer schon so nahe, dass wir mit gestrecktem Hals von hier den ersten Blick auf die Adria werfen können. Schon unser allererster Blick aufs Dorf lässt erahnen, was hier los ist. Eine große 46 ziert den Asphalt am Ortseingang. Muss man noch mehr sagen? Hier residiert „The Doctor". Wer langsam durch den Ort rollt, vorbei am Fanshop und an unzähligen Plakaten und Transparenten, dem wird klar, dass hier 1979 nicht nur ein erfolgreicher Rennfahrer, sondern eine Ikone,

Einsame Nebenstrecken durchziehen das Montefeltro.

Tavullia ist unverkennbar Rossis Heimat.

Alte Technik fasziniert auch noch die Jugend von heute.

ein Nationalheld geboren wurde. Neun Weltmeistertitel hat Valentino Rossi bis heute eingesammelt.

Rote Ampeln, na und?

Cattólica, das quirlige Städtchen an der Adria: viele Straßen, noch mehr Verkehrsteilnehmer. Ungewohnt nach der ländlichen Ruhe im Montefeltro. Rechts und links schießen die Vespapiloten an uns vorbei. Ja, es gibt rote Ampeln, aber muss man sich dran halten? Offenbar nicht alle und ich staune über den todesverachtenden Mut mancher Zweiradler. Auf der anderen Seite entlässt uns der Badeort an die

Schöne Küste trotz Bränden – oberhalb von Pésaro.

Küste und so grässlich die Adriaküste für Motorradreisende auch sonst sein mag, so schön ist sie zwischen Cattólica und Pésaro. Über die ersten richtig knackigen Kurven zirkele ich hinauf in den „Parco Naturale del Monte San Bartolo", einen schmalen, gut 200 Meter hohen Küstenstreifen. Oben angekommen nimmt die Kurverei kein Ende. Immer wieder mäandert das

Jetzt mal nur nicht in die falsche Richtung fahren!

Unser Picknick auf stilechter Decke.

Asphaltband zwischen der Steilküste, dichten Wäldchen und saftig grünen Weiden hin und her. Der bisweilen an Lagerfeuer erinnernde Geruch unter dem Helm erinnert daran, dass man keine Kippen in die Landschaft werfen sollte. Einige deutlich erkennbare schwarze Flächen zeugen von den Waldbränden der letzten Wochen. Etwa in der Mitte der Strecke gibt es zwei fantastische Aussichtspunkte. Genau der richtige Platz fürs obligatorische Picknick mit Blick weit hinaus aufs Meer.

Bei Tante Emma

Pésaro, am anderen Ende der Traumstrecke durch den Naturpark ist nicht weniger belebt und beliebt als Cattólica. Leuchtend weiße Sandstrände laden zum Baden. Und wir sind schon seit drei Stunden ohne Cappuccino, das geht gar nicht. Gleich am Strand

lädt das Café, wir fackeln nicht lange. Zum Nachtisch geht's erst mal zu Tante Emma. Okay, die Besitzerin des kleinen Ladens mag hier vielleicht anders heißen. Vielleicht Mamma Emilia oder Nonna Elisa, aber die Funktion des Ladens ist wohl die selbe. Gleich ein ganze Hand voll schwatzender Senioren haben den Laden in Beschlag genommen, diskutieren das Weltge-

Montefeltro-Panorama – man kann gar nicht genug bekommen davon.

schehen und machen mächtig Palaver. Pane, pomodori und formaggio – also Brot, Tomaten und Käse – gibt's reichlich, unser Picknick ist gesichert. Wie gerne hätten wir noch einen kräftigen, rubinroten Sangiovese aus der Region mitgenommen, aber wie das so ist: Rotwein und Motorradfahren verträgt sich bekanntlich nicht so gut. Gut, ein Fläschchen acqua muss dann eben reichen. Lautstark und fröhlich werden wir aus dem Laden verabschiedet.

Am Palazzo Ducale

Im Tiefflug arbeiten wir uns zurück ins Hinterland. Das flache Land der Küste, die ersten sanften Hügel, kaum sind die Reifen der RT warm, stecken

Urbino, eine der schönsten Städte dieser Region.

Gut zu Pferd: an der Stadtmauer von Gradara.

wir schon wieder mitten im Gewurstel des Montefeltro. So hieß übrigens die italienische Adelsfamilie, die im Mittelalter große Teile der heutigen Region Marken prägte. Sie gab der Landschaft ihren Namen und war zum großen Teil in Urbino sesshaft. Ihr Palazzo Ducale, der Herzogliche Palast, ist heute noch eines der schönsten Gebäude Urbinos, das wahrlich mit beeindruckenden Bauten gesegnet ist.

Staunend rollen Kiki und ich durch die engen Gassen und Sträßchen der Stadt. Kleine, angenehm kühle und schattige Plätzchen wechseln sich mit großen, sonnenverwöhnten Flächen ab. Zahllose Kuppeln, Kirchtürme und Zinnen ragen aus dem lehmfarbenen Ensemble hervor, unzählige Erker und Bögen, Säulen und Balkone schmücken die historischen Fassaden. Nicht umsonst gilt die kleine Universitätsstadt als eine der schönsten der Marken.

Sassocorvaro, Macerata Féltria, Carpegna, Pennabilli, Sant' Agata Féltria, jedes dieser historischen Städtchen entlang unserer Strecke zurück nach Perticara ist schöner als das andere und als wir am Abend geschlaucht von

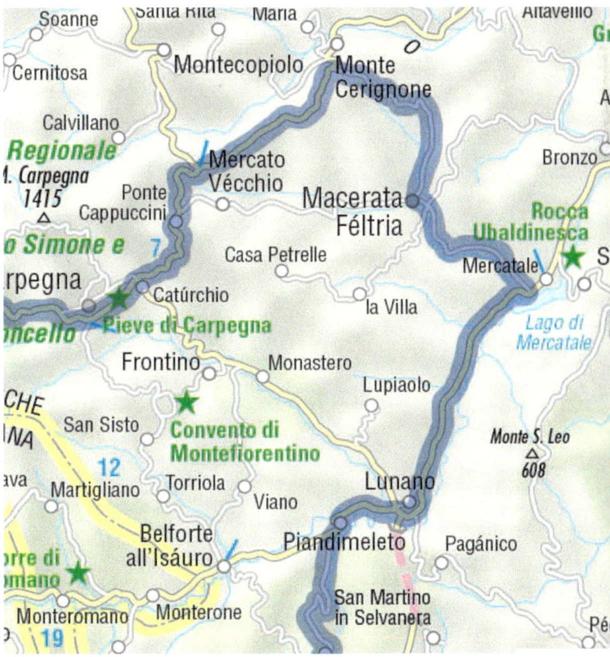

Pizza-Traum im Pian del Bosco.

den stundenlangen Kurvenorgien und dem faszinierenden Sightseeing von unserer BMW klettern, wissen wir gar nicht mehr, welche Festung, welche Burg eigentlich zu welchem Dorf und zu welchem Hügel gehört, so mannigfaltig waren die Eindrücke – einfach überwältigend.

Geschafft, aber zufrieden

Nicht wenig haben wir das Michael zu verdanken. Der betreibt in Perticara das Albergo Pian del Bosco. Bei ihm gibt es nicht nur die allerbeste Pizza der Marken und eine famose Unterkunft, sondern er versorgte uns auch mit reichlich Tipps und Karten für unsere Touren. Geschafft, aber hochzufrieden, sitzen wir bis in den späten Abend im gemütlichen Garten seines Restaurants, picheln den schmackhaften Wein der Region und zerschneiden riesige Pizzen mit der Schere. Neben uns die Karte der Region, es gibt noch so viel zu entdecken. ◀

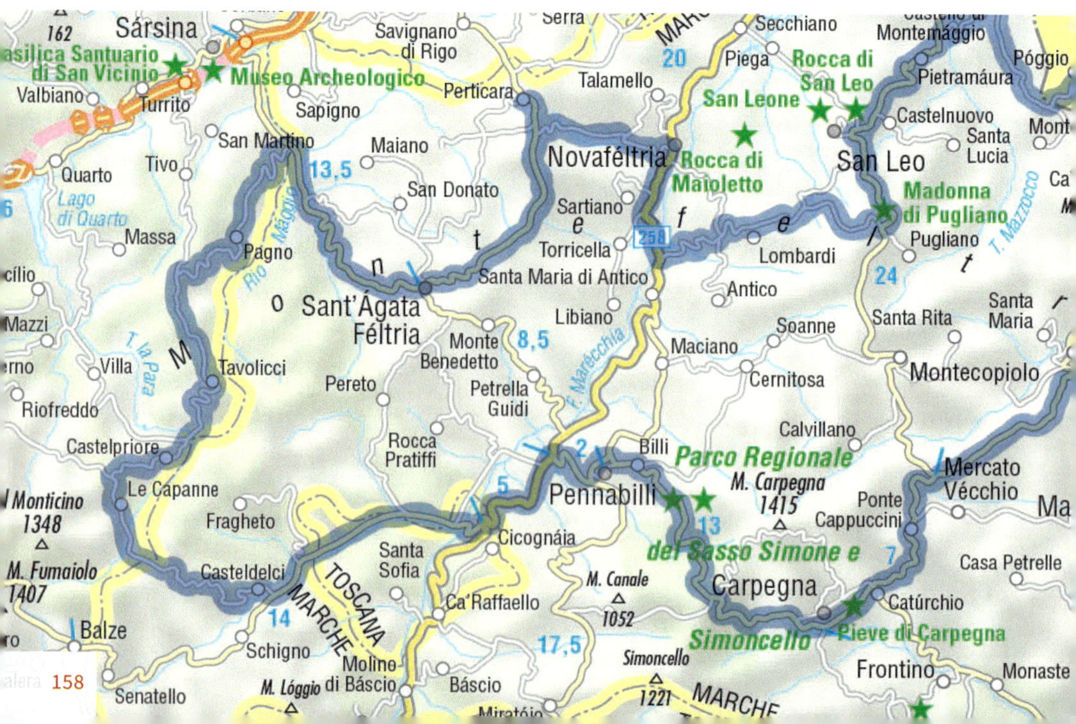

INFOS ZUR TOUR

CHARAKTERISTIK

Die Marken und speziell die historische Landschaft des Montefeltro bestechen durch ihre hügelige, liebliche Landschaft, gespickt mit befestigten Städtchen, Burgen und Kastellen. Dazwischen verlaufen herrlich gewundene Landstraßen und kleine Nebenstrecken. Bei aller Muße heißt es aber „Augen auf"! Der Asphalt ist manchmal ziemlich verworfen und als „Reparaturmaßnahme" werden Schilder aufgestellt.

PÄSSE DER TOUR

So faszinierend die Marken und das Montefeltro auch sind, auf dieser Route findet sich nur ein Pass – der 1007 Meter hohe Passo Cantoniera zwischen Carpegna und Pennabilli.

ÜBERNACHTUNG

Pian del Bosco

Via Guido Donegani 151,
I-47863 Novafeltria, Ortsteil Perticara
Unsere Lieblingsunterkunft in Italien, sehr engagiertes Team, tolle Anlage mit Pool und leckerem Essen und der weltbesten Pizza.
www.piandelbosco.com
GPS 43.912806, 11.373786

Camping Perticara

Via Serra Masini 10/d,
I-47863 Novafeltria, Ortsteil Perticara
Netter Campingplatz mit Pool in schöner Lage, es lassen sich auch Caravans und Ferienwohnungen mieten, das beschriebene Restauran ist fußläufig zu erreichen.
www.campingperticara.com
GPS 43.895323 12.242113

Hotel Sans Souci

Famiglia Bordoni, Viale Mare 9,
I-61011 Gabicce Mare
Freundliches Vier-Sterne-Hotel in schöner Panoramalage direkt an der Küste, Privatparkplatz, geführte Touren nach Absprache, Pool.
www.sanssouci-hotelgabicce.it
GPS 43.965586, 12.762908

KOMBINATIONSMÖGLICHKEITEN

Diese Route lässt sich gut mit Tour 7 durch die Emilia-Romagna und die Toskana kombinieren oder mit der Toskana-Tour 8. Wem diese Route noch zu wenige Kilometer beinhaltet, nimmt im Südwesten noch Kurs auf Caprese Michelángelo und den Lago di Montedóglio.

Bischofsstadt

Die Stadt Urbino, zwischen den Hügeln der Region Marken gelegen, glänzt mit einer enormen Hülle und Fülle grandioser historischer Bauten.

Reste einer mächtigen Stadtmauer umfassen das historische Zentrum von Urbino, darin dicht an dicht unzählige Bauten: Türme, Kapellen und Kirchen. Die rund 15 000 Einwohner nennen ihre Heimat die „Wiege der Renaissence“. Seit 1998 steht die Universitätsstadt als Weltkulturerbe unter dem besonderen Schutz der UNESCO.

Enge und zum Teil recht steile Gassen führen zwischen den antiken Sandsteinbauten hindurch und führen zu schattigen Plätzen, zwischen einladenden Cafés hindurch und zu monumentalen Palästen. Das bedeutendste Bauwerk der Stadt ist der Palazzo Ducale der Herzöge von Urbino, dessen Nationalgalerie die weltweit bedeutendste Kunstsammlung der Renaissance beherbergt. Neben den Meisterwerken der Kunstgeschichte ist übrigens auch der Besuch der herzöglichen Ställe empfehlenswert, die mit dem Palast über eine spiralförmige Rampe verbunden sind.

Urbino, die Wiege der Renaissence.

Urbinos Altstadt besticht mit netten Läden und Cafés.

Aber nicht nur für Kunstfreunde ist Urbino ein Genuss. Dank der gut 20 000 Studenten – Urbino hat mehr Studierende als Einwohner – ist hier immer etwas los. Jede Menge Bars und Restaurants, Cafés und urige Läden locken ins Zentrum.

Es lässt sich prima Relaxen und am Abend lange feiern und genießen. Unsere Empfehlung ist das Caffè Centrale an der Piazza della Repubblica: prima Cappuccino, leckeres Eis und ein spannender Blick auf das urbane Treiben.

In der Via Puccinotti 3 liegt die Touristeninformation. Hier gibt es einen umfassenden Veranstaltungskalender, Stadtpläne und vieles mehr. Köstliche Nudelgerichte aus der Region zu fairen Preisen gibt es in der Via Cesare Battisti 5 in der Trattoria del Leone.

Wer sich ein bisschen die Beine vertreten möchte, geht zur Fortezza di Albornoz, zu den Überresten der alten Festung etwas westlich vom Zentrum. Von hier gibt's einen tollen Blick über die Stadt.

Zum Entspannen lädt der Orto Botanico, ein botanischer Garten. Sein Eingang liegt an der via Bramante. ◀

Eng geht es zu in diesen steilen Gassen.

Des Kaisers Winter-Insel

Nicht umsonst suchte sich Napoléon Elba als Winterresidenz aus. Auch wir stießen bei der Suche nach Sonne und Wärme auf eine einladende Insel, die sich mit ihren traumhaften Küstenstraßen und herrlichen Bergen sogar noch als ein echtes Eldorado für Motorradfahrer entpuppte.

Traumhafte Küstenstraßen führen rund um die Insel Elba.

Der erste Eindruck zählt: Blick auf Elba.

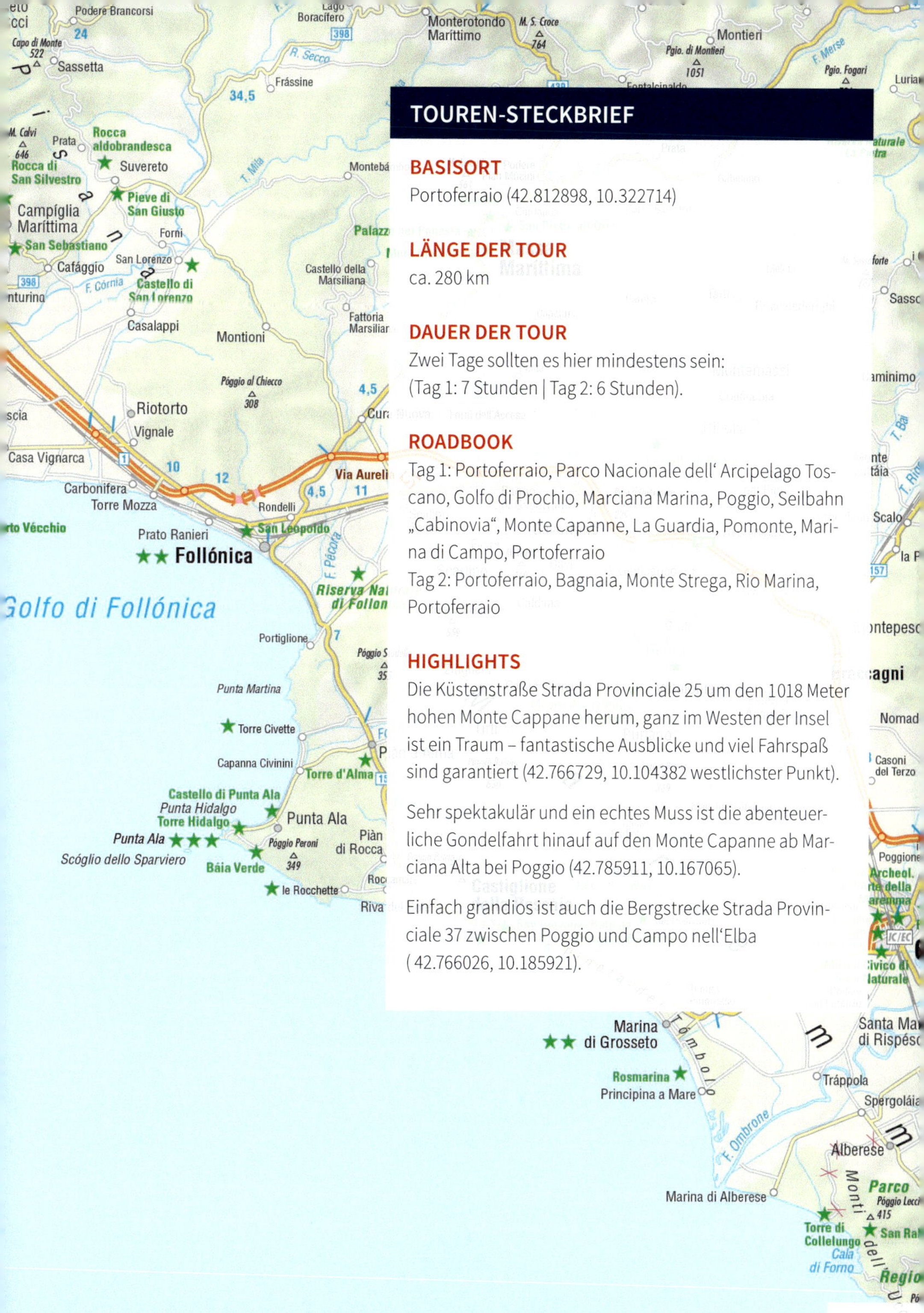

TOUREN-STECKBRIEF

BASISORT

Portoferraio (42.812898, 10.322714)

LÄNGE DER TOUR

ca. 280 km

DAUER DER TOUR

Zwei Tage sollten es hier mindestens sein: (Tag 1: 7 Stunden | Tag 2: 6 Stunden).

ROADBOOK

Tag 1: Portoferraio, Parco Nacionale dell' Arcipelago Toscano, Golfo di Prochio, Marciana Marina, Poggio, Seilbahn „Cabinovia", Monte Capanne, La Guardia, Pomonte, Marina di Campo, Portoferraio

Tag 2: Portoferraio, Bagnaia, Monte Strega, Rio Marina, Portoferraio

HIGHLIGHTS

Die Küstenstraße Strada Provinciale 25 um den 1018 Meter hohen Monte Cappane herum, ganz im Westen der Insel ist ein Traum – fantastische Ausblicke und viel Fahrspaß sind garantiert (42.766729, 10.104382 westlichster Punkt).

Sehr spektakulär und ein echtes Muss ist die abenteuerliche Gondelfahrt hinauf auf den Monte Capanne ab Marciana Alta bei Poggio (42.785911, 10.167065).

Einfach grandios ist auch die Bergstrecke Strada Provinciale 37 zwischen Poggio und Campo nell'Elba (42.766026, 10.185921).

Ankunft am Hafen von Portoferraio.

Der Blick hinaus aufs Meer lässt Gutes vermuten. Durch riesige Wolkenlücken scheint ein blauer Himmel hindurch, das Wasser weit draußen glitzert in der Sonne, während hinter uns düstere Wolken den Himmel verdunkeln. Da draußen im Meer liegt sie, die drittgrößte Insel Italiens: Elba. Ziel unserer Flucht vor dem grauen Festlandwetter. Die letzten Kilometer entlang der Küste sind ruckzuck abgerissen und schon rollen wir vor dem Fährgebäude in Piombino aus. Da wir noch nicht genau wissen, wie lange wir bleiben wollen, buche ich nur eine einfache Überfahrt. Nur wenige Minuten später entern wir schon die Fähre. Verzurren? Die Besatzung wiegelt ab. „No Wind, no Problem." Und tatsächlich, kaum legen wir ab, scheinen uns die ersten Sonnenstrahlen ins Gesicht und runde 25 Kilometer weiter – kurz vor der Insel – gibt's fast nur noch blauen Himmel.

Strand, Sonne, Wein

Im Hafen von Portoferraio verlassen wir die Fähre. Eine erste Runde durch Portoferraios Zentrum entlang der Kaimauern und des Fischerha-

fens führt uns zur Touristinfo. Die nette Mitarbeiterin versorgt uns mit reichlich Tipps und Broschüren, die deutschsprachige Freizeitkarte mit Touren und Campingplätzen bekomme ich gleich nebenan im Bücher- und Zeitschriftenladen. Der kleine Supermercato versorgt uns mit Zutaten für ein leckeres Abendessen inklusive einer Flasche Wein, natürlich einen Elba-Rosso von der Insel.

Die Karte verspricht einen Campingplatz an der Küste keine fünf Kilometer von Portoferraio entfernt. Bingo! Eine Stunde später sind wir freundlich empfangen worden, haben unser Zelt auf einem grünen Stück Wiese aufgebaut und sitzen auf den Felsen direkt am Strand, Sonnenuntergang, Picknick und Wein von der Insel inklusive. Wie schön kann doch die Welt sein.

Die ersten Sonnenstrahlen leuchten am nächsten Morgen hell und warm durch den Zeltstoff. Nichts wie raus! Der Gaskocher zischt, Frühstück gibt's heute an der frischen Luft. Zum Frühstück haben wir einen Gast: Laut krakeelend lässt sich eine Amsel nur zwei, drei Meter neben uns nieder. Sie pfeift und zwitschert solange, bis ich ihr ein Stück Brot rüberwerfe. Die Hälfte verschwindet gleich, der Rest wird mitgenommen.

Bergauf, bergab

Dass Elba nicht nur mit Sonne trumpft, merken wir gleich nach unserem Aufbruch, eine Handvoll Buchten weiter. Kaum haben wir Portoferraio hinter uns gelassen, wurstelt sich die Straße bergauf, bergab durch den Parco Nacionale dell' Arcipelago Tos-

Panorama pur über Elbas weiter Küste.

EXTRA-TIPP

CAPOLIVERI Die südöstlichste der acht Gemeinden Elbas ist Capoliveri. Der historische Ort liegt an der Küste der Halbinsel, die im Südosten Elbas in das Toskanische Archipel ragt. In 167 Metern Höhe thront Capoliveri auf dem Monte Calamita. Capoliveris Altstadt ist im typischen Stil eines mittelalterlichen, befestigten Dorfes auf dem Bergplateau erbaut. Ausgehend vom zentralen Platz Piazzetta Matteotti führen verwinkelte, enge Gassen, steile Treppen und urige Durchgänge durch die historische Altstadt. Ein Bummel lohnt sich auf jeden Fall, einladende Bars und Straßencafés warten auf Besucher, nette, kleine Geschäfte auf Souvenirjäger. Die nahe gelegene mächtige Festung Forte Focardo kann leider nicht besichtigt werden, sie ist militärisches Sperrgebiet.

GPS 42.745199, 10.377033

cano. Der Golfo di Prochio geleitet uns nach Westen. Die Strecke ist einfach fantastisch. Es geht fast immer an der Küste entlang. Kleine Orte und herrliche Badebuchten liegen unter uns. Unser Blick fällt immer wieder auf das fantastische Panorama draußen auf dem Tyrrhenischen Meer. Dazwischen liegt die grüne Küstenlinie, gut bestückt mit blühender Macchia und stacheligen Kakteen.

Bald liegt Marciana Marina mit seinem mittelalterlich wirkenden kleinen Fischerhafen vor uns. Gerade kehrte eines der Fischerboote von seiner Tour zurück. Was für die wenigen Touris-

Fischfang ist immer noch ein großer Wirtschaftszweig auf Elba.

ten nur Schauspiel ist, gehört für Marcianas Einwohner zum Alltag. Ganz in Schwarz gekleidet schiebt sich eine resolute Seniora laut murmelnd durch die Gruppe der Zuschauer. Mit geübtem Blick selektiert sie eine Hand voll Fische aus den Körben am Kai. Ein paar Euro wechseln den Besitzer. Gleich daneben sitzen ein paar alte Männer mit stoischer Ruhe auf einer Bank, schauen sich gelassen das Treiben um den frischen Fang an.

Wahrscheinlich waren sie selbst mal Fischer, haben draußen im Meer Wind und Wellen getrotzt. Fischfang hat Tradition auf Elba. Schon zur Zeit der Römer waren Elbas Fischer für ihren Sardellenfang berühmt. Später ging man in riesigen Booten mit bis zu 100 Mann Besatzung auf die Jagd nach Thunfischen. Die kaum reparable Überfischung der Meere machte dann aber auch vor den toskanischen Gewässern nicht halt. Schon längst hat die Fischerei nicht mehr ihre frühere Bedeutung. Über diese Hafen-Sze-

Gar nicht schief: der Torre Pisana in Marciana Marina.

Auf dem Monte Capanne, dem höchsten Berg der Insel.

ne wacht der Torre Pisana, der Pisanerturm am Rand des Hafens. Das Gebäude wurde im 12. Jahrhundert als Schutz gegen die Sarazenen errichtet.

Kein Ort auf Elba ist schöner für eine Küstenwanderung. Knapp sieben Kilometer geht es durch herrliche Weinterrassen und viel Grün bis Sant‘ Andrea, zurück geht es– zumindest in der Hauptsaison – per Bus.

Auf dem Gipfel

Es wäre ein Sakrileg, Poggio links liegen zu lassen. Mit engen Kehren führt uns der Asphalt hinauf vor das Dorf. Urige, kopfsteingepflasterte Gassen, bunte Fassaden mit grünen, hölzernen Läden, alte, verschnörkelte Laternen, unzählige Treppen und Tore locken uns in die Altstadt. Es wird warm in der Motorradkluft. Wir lassen uns auf eine alte Bank fallen, die bedenklich knirscht und genießen die Ruhe und den kühlen Schatten. Durch bröckelige Mauern blicken wir dabei auf den Monte Capanne, mit stolzen 1018 Metern Elbas höchster Berg. Gleich hinter Poggio steigt er steil an.

Nur ein kleines Stück außerhalb des Ortes finden wir dann auch schnell die „Cabinovia". In den kleinen, knallgelb gestrichenen Steh-Gondeln dieser originellen Bergbahn schaukeln wir in 20 Minuten in die Höhe. Immer steiler führt das Seil über den spitz gezackten, grauen Fels. Nur ein paar kleine, dünne Gitterstäbe trennen uns von der Bergflanke, die ein gutes Stück unter uns liegt.

Oben am Gipfel, der bis weit ins Frühjahr noch mit Schnee bedeckt sein kann, haben wir einen kompletten Rundblick über ganz Elba, sehen dieses himmlische Stück Erde in seiner ganzen Größe und Pracht. Die Aussicht ist unglaublich. Unter uns liegt der westliche Teil der Insel, bedeckt mit dichtem Wald und felsigen Flanken. Weiter entfernt streckt sich die Insel in alle Himmelsrichtungen, endet schließlich rundum im tiefblauen Meer.

Hoch im Himmel

Wir klettern auf den riesigen Felsblöcken des Monte Capanne herum, genießen auf der Terrasse des kleinen, aber gemütlichen Bergcafés die kühle Luft und einen heißen Espresso. Schließlich geht es per luftiger Gondel wieder bergab und wir nehmen uns mit der RT den Westen der Insel vor. La Guardia, Pomonte, Marina di Campo, einladende Küstendörfer – eines verlockender als das ande-

Luftige Seilbahn auf den Monte Capanne.

Der stolze Wachturm San Giovanni am Monte Perone.

re. Dazwischen die schönsten Küstenstraßen. Wir fühlen uns regelrecht beflügelt, gleiten zwischen steilen Felsen, Wald und dem türkis schimmernden Meer hindurch und lassen mit dem Hauptständer mehr als einen Streifen im Asphalt zurück.

Hier pulsiert das Leben

Es geht Richtung Osten am nächsten Morgen. Portoferraio, die Hauptschlagader der Insel, wo fast rund um die Uhr Betrieb im Hafen ist, Schiffe an- und ablegen, Boote pendeln und Angler ihre Ruten auswerfen, sehen wir diesmal aus der anderen Richtung quer über die weite Bucht. Erst aus der Entfernung erkennt man die mächtige Festung, die schützend über dem Hafen thront und die ganze Bergflanke besetzt. Unter ihr liegen die engen Straßen der Stadt, die schattigen Plätze, Wohnhäuser, Geschäfte, hier pulsiert das Leben der Insel.

Ganz anders wirkt da das kleine, beschauliche Bagnaia. Zwei, drei Cafés, ein Stück herrlicher Strand in einer gut geschützten Bucht, ein paar niedrige Häuser, die sich zwischen Palmen verstecken. Im Strandcafé kellnert Tino und sieht uns mit der Karte hantieren. Froh, mal wieder seine Deutschkenntnisse aufzupolieren, fragt er nach dem Woher und Wohin. Er ist selber Motorradfahrer, gibt uns gleich mal ein paar gute Tipps für die Insel und empfiehlt die Weiterfahrt an der Küste. Wir

Portoferraio gefiel schon dem Kaiser – und wurde Napoléons Winterresidenz.

Es kann heiß werden auf Elba.

Elbas Küste glänzt mit unzähligen Badebuchten.

Welch eine Aussicht über-Elbas Nordost-spitze.

verlassen uns drauf und es lohnt sich. Die Strecke hebt sich weit über das Meer, schlängelt sich um eine Halbinsel und mäandert wild durch den elbanischen Wald hinauf auf den fast 800 Meter hohen Monte Strega, ein Gedicht. Dahinter geht's wieder bergab. Hinunter auf die „Eiserne Seite" der Insel.

Noch bis ins Jahr 1981 wurde hier in Elbas Osten Erz gefördert. Rio Marina war der bedeutendste Erzverladehafen der Insel. Die meisten Transporte stachen von hier in See. Die Anlagen rosten heute vor sich hin. Dafür liegen rechts und links tolle Buchten mit glasklarem Wasser. Für ein, zwei Stunden stellen wir die RT auch gleich am Strand ab, genießen das glasklare Wasser und das sonnige Strandleben. Eine gesunde Mischung, die wir auch in den nächsten Tagen beibehalten. Denn den Kampf gegen Wolken und Regen, den führt die kleine Insel im Tyrrhenischen Meer meist ziemlich erfolgreich. ◀

INFOS ZUR TOUR

CHARAKTERISTIK

Auf dieser Tour nehmen wir die schönsten Straßen Elbas unter die Reifen. Das größte Problem auf diesen Etappen war, die Augen auf dem Asphalt zu halten. Die Aussichten waren einfach fantastisch. Die fahrerischen Anforderungen sind sehr unterschiedlich. Im Großen und Ganzen sind alle Straßen problemlos auch für weniger erfahrene Piloten machbar, lediglich die Serpentinen östlich des Monte Capanne stellen schon mal eine Herausforderung dar. Vorsicht ist jedoch nach heftigen Regenfällen oder Unwettern geboten.

PÄSSE DER TOUR

Zwar haben die SP30 zwischen Marina di Campo und Lacona sowie die SP37 zwischen Poggio und der Südküste durchaus die Funktion eines Bergpasses, sie sind aber eigentlich keine.

ÜBERNACHTUNG

Aviotel Residence Hotel
Località la Pila 36, I-57034 Marina di Campo
Große Hotel mit Restaurant, Terrasse und Schwimmbad, auf Wunsch auch geführte Touren.
www.aviotel.it
GPS 42.763785, 10.236117

Resort le Picchiaie
Località Le Picchiaie, I-57037- Portoferraio
Ansprechendes Hotel mit Schwimmbad.
www.resortlepicchiaie.it
GPS 42.787072, 10.332437

KOMBINATIONSMÖGLICHKEITEN

Die Kombinationsmöglichkeiten sind dank der Lage naturgemäß eher eingeschränkt. Elba lässt sich aber mit einer Tour in der Toskana (8) verbinden.

KLIMA | WETTER | REISEZEIT

Die Toskana und die Marken sind das perfekte Ziel vom Frühjahr bis in den Herbst hinein. Im Frühling grünt und blüht es überall, das touristische Treiben hält sich noch in Grenzen. An der Küste, in den Tälern und im Flachland ist es schon angenehm, die Sonne sorgt für herrliche Wärme. Ähnlich im Herbst - wenn es zu Hause schon Bindfäden regnet und schweinekalt ist, hält sich weit jenseits der Alpen noch die Wärme. Die Sonne ist noch nicht im Ruhestand und der Indian Summer lässt die Laubbäume in den kräftigsten Farben erstrahlen.

Im Prinzip gilt das auch für das Piemont und Ligurien, jedoch mit Einschränkungen. Beide Jahreszeiten sind naturbedingt nicht für die Hochgebirgstouren geeignet. Zahlreiche Pässe sind dann schon eingeschneit und gesperrt. Die Wintersperren gelten bisweilen von Oktober bis Mai, manchmal sogar in den Juni hinein, wenn auch die Schneetendenz dank des Klimawandels im Allgemeinen eher abnimmt. Eine tagesaktuelle Übersicht bietet **www.alpenpaesse.de**.

Im Sommer ist es eher umgekehrt. In der Hauptferienzeit im Hochsommer kann es bisweilen recht heiß werden und auf den Straßen ist in touristischen Regionen schon mal etwas mehr los. Das hält sich aber meist in Grenzen und sollte im Prinzip kein Problem sein. Einen „Ausstieg“ gibt es regelmäßig, und in den umliegenden Bergen und Hügeln verstreut sich der Verkehr relativ schnell. Klar ist im Hochsommer auf dem einen oder anderen Pass auch schon mal etwas mehr los, aber

Hand aufs Herz. Mit dem Mopped ist man schnell am Touri-Auto vorbei.

Generell gilt, dass das Wetter auch am gleichen Tag regional sehr unterschiedlich sein kann, vor allem im Piemont. Herrschen in dem einen Tal Wolken vor, reicht bisweilen ein Abstecher über den nächsten Pass, um jenseits des Bergrückens im nächsten Tal die Sonne zu genießen. Noch mehr gilt das natürlich für den Unterschied zwischen Tal- und Berg-Lagen. Übrigens, egal, zu welcher Jahreszeit – ist man im Hochgebirge mit dem Motorrad unterwegs, sollte man sowieso immer Regenkleidung dabei haben. Im Hochland kann das Wetter rasch wechseln. Bei Bergtouren auch lieber einen warmen Pulli mehr mitnehmen. Der morgendliche Blick in den blauen Himmel garantiert keine Sonnentour am Nachmittag.

PRAKTISCHES | LINKS

Auch wenn die Grenze nach Deutschland nicht so weit ist. Für den Fall des Notfalles helfen vor Ort die Konsulate und Botschaften der Heimatländer kompetent weiter:

DEUTSCHES KONSULAT

Via Solferino 40
I-20121 Milano
T +39 (02) 62 31 101

DEUTSCHE BOTSCHAFT

Via San Martino della Battaglia 4
I-00185 Rom
T +39 (06) 49 21 31

ÖSTERREICHISCHES KONSULAT

Piazza del Liberty 8/4
I-20121 Milano
T +39 (02) 77 80 780

ÖSTERREICHISCHE BOTSCHAFT

Via Pergolesi 3
I-00198 Rom
T +39 (06) 84 40 141

SCHWEIZERISCHES KONSULAT

Via Palestro 2
I-20121 Milano
T +39 (02) 77 79 161

SCHWEIZERISCHE BOTSCHAFT

Via Barnaba Oriani 61
I-00197 Rom
T +39 (06) 80 95 71

Interessante Internetseiten für weitere Informationen:

Piemont: www.urlaub-piemont.de
Ligurien: www.urlaub-ligurien.de
www.blumenriviera.de
Toskana: www.urlaub-toskana.net
www.florenz-siena-toskana.de
Marken: www.diemarken.com

Die offizielle und sehr umfangreiche Seite der italienischen Zentrale für Tourismus heißt www.italia.it

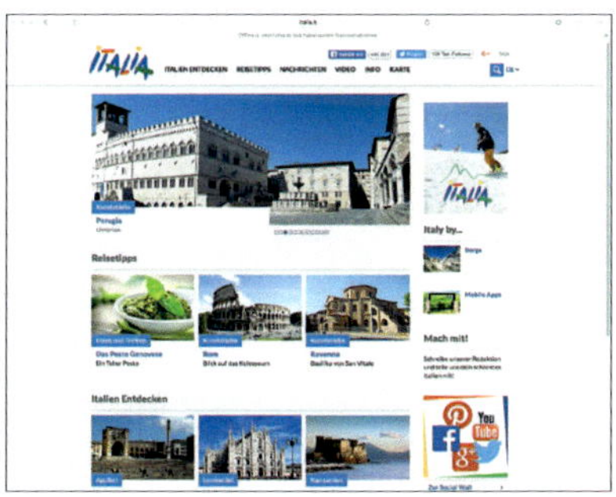

Sehr hilfreich sind in Italien auch die örtlichen Touristinfo-Büros, die in fast jeder etwas größeren Gemeinde existieren. Hier gibt es Infos, Broschüren, Karten, freundliche Hilfe bei der Suche nach Unterkünften und Campingplätzen und mehr.

ANREISE

Viele Wege führen nach Italien. Die schönsten natürlich mit viel Muße über schweizerische und österreichische Landstraßen. Da aber die wenigsten Reisenden so viel Zeit haben, wird meist zügig über die Autobahn angereist. Dafür bietet sich in erster Linie die Brenner-Autobahn an. Die ist über Innsbruck erreichbar. Dorthin geht es entweder aus dem Raum München kommend via A8/A93 (D) und A12 (A) oder über die D95 (D), Garmisch-Partenkirchen (D) und Seefeld (A). Aus dem Raum Ulm bietet sich die schöne, aber nicht immer staufreie Strecke über die A7 (D), Reutte (A) und den Fernpass (A) an.

Früher bestanden einige interessante Möglichkeit, Norditalien via Bahnverladung zu erreichen. Die Deutsche Bahn hat diesen Service inzwischen eingestellt. Es gibt jedoch zur Zeit einige private Anbieter, der Markt ist diesbezüglich gerade sehr in Bewegung und die Infos darüber ändern sich fast täglich. Ein Blick ins Internet verschafft aktuell Klarheit. Wir waren komfortabel von Düsseldorf nach Livorno angereist. Voraussichtlich wird diese Strecke zukünftig von train4you bedient.

www.urlaubs-express.de

Noch ein wichtiger Tipp: Die Strafen für Verkehrsvergehen sind in Italien, wie fast überall in Europa, wesentlich höher als in Deutschland. Zwar haben wir persönlich italienische Polizisten meist als sehr entspannt erlebt, aber wenn es blitzt, kann es richtig teuer werden. Ganz dramatisch wird es, wenn unerlaubterweise Naturschutzgebiete offroad befahren werden. Ein Ausfliegen des Motorrades via Hubschrauber und der Einzug des Fahrzeugs sind möglich; die Kosten lassen sich leicht ausmalen. Deshalb empfehlen wir eine relaxte und gesetzeskonforme Fahrweise, was durchaus Geld und Nerven schonen kann – man ist ja schließlich im Urlaub.

LITERATUR | REISEFÜHRER | KARTEN

Folgende Karten glänzen nicht nur mit einem übersichtlichen Straßenbild, sie verfügen auch über zahlreiche Zusatzinformationen wie zum Beispiel Straßenbeschaffenheit, Sehenswürdigkeiten, Campingplätze und verschiedene Stadtpläne. Ein umfangreiches Ortsregister erleichtert die rasche Orientierung. Die Karten sind im Buchhandel oder via Amazon erhältlich.

MARCO POLO „Piemont" 1:200 000, Euro 9,99 ISBN 978-3829739733

MARCO POLO „Ligurien" 1:200 000, , Euro 9,99 ISBN 978-3829739771

MARCO POLO „Toskana" 1:200 000, Euro 9,99 ISBN 978-3829739795

MARCO POLO „Umbrien, Marken" 1:200 000, Euro 9,99
ISBN 978-3829739801

Neben regionalen Reiseführern, die es oft auch vor Ort in deutscher Sprache gibt, ist der „lonely planet" unser Standardwerk: **LONELY PLANET REISEFÜHRER ITALIEN**, 1032(!) Seiten, Euro 28,99 ISBN 978-3829721844

Weitere Tourenvorschläge gibt es im **MOTORRADKARTEN-SET ITALIEN NORD** von **BIKER BETTEN** im **TVV TOURISTIK VERLAG**. Für 19,95 Euro gibt es das ultimative Kartenset mit acht folierten, wasserabweisenden und reißfesten Karten, alle mit eingezeichneten und beschriebenen Touren so-

wie vielen an den Routen liegenden Unterkünften für Motorrad-Reisende und Tourenfahrer in einer praktischen Tasche mit Reißverschluss im Tourenmaßstab 1:250.000. Erhältlich ist das Set im Buchhandel, via Amazon oder unter **www.bikerbetten.de**. Dort gibt es übrigens auch jede Menge weitere Tipps zu Motorradtouren durch ganz Europa.

ISBN 978-3937063140

Klein und handlich ist die **MOTORRADKARTEN-BOX ITALIEN NORD** von **BIKER BETTEN** im **TVV TOURISTIK VERLAG**. Für 11,95 Euro gibt es die ultimative Kartenbox mit acht informativen Papierkarten zu den schönsten Motorrad-Regionen im Norden Italiens. Auf jeder Karte sind bis zu fünf verschiedene Tourvorschläge eingezeichnet, die auf der Rückseite des Kartenblatts eingehend beschrieben sind. Mit dabei sind natürlich auch Hinweise zu auf an den Routen liegende Unterkünften für Motorrad-Reisende.

ISBN 978-3-937063-27-0

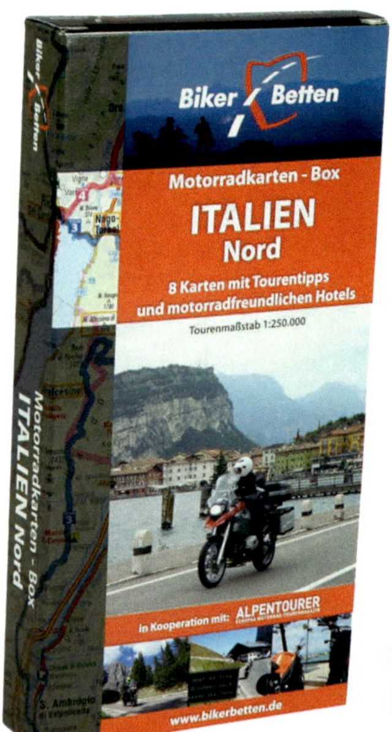

Die praktischen und hilfreichen Karten vom **TVV TOURISTIK VERLAG** sind im Maßstab 1:250 000 ausgeführt. Erhältlich sind die Boxen im Buchhandel, via Amazon oder auf **www.bikerbetten.de**. Dort gibt es zudem unzählige weitere Tipps zu Motorradtouren durch ganz Europa.

UNTERKUNFT

In den beschrieben Regionen werden alle Arten von Übernachtungsmöglichkeiten angeboten. Einen Platz für die Nacht zu finden, ist relativ einfach. Wir haben damit noch nie ein Problem gehabt. Einzig in den Haupt-Ferienmonaten Juli und August kann die Suche schon mal etwas länger dauern. Dann kann es schon mal hilfreich sein, Unterkünfte vorher zu reservieren. Dies geht problemlos über die oben genannten Internetseiten oder die einschlägigen Reservierungs-Portale. Spontanes Übernachten sollte allerdings ein wenig Abseits der Hauptorte das ganze Jahr über möglich sein.

In Norditalien gibt es eine ganze Reihe sehr schöner Campingplätze in allen möglichen Größen und Ausstat-

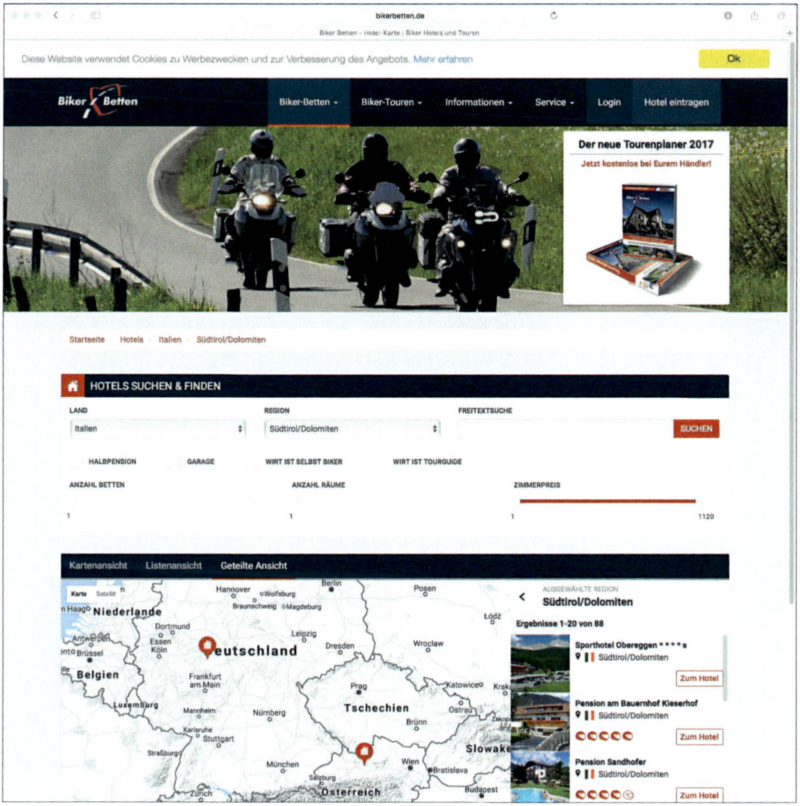

tungen. Das reicht vom Fünf-Sterne-Platz mit Rundum-Service am See bis zur einfachen Zeltwiese mit Scheunendusche beim Bauern. Das Angebot ist riesig und auch hier gilt: Ein wenig abseits des Haupttrubels lässt sich rund ums Jahr immer etwas finden.

Möchte man ein wenig länger an einem Ort bleiben und freut sich über Kontakt mit den Menschen vor Ort, empfiehlt es sich, das immer größer werdende Angebot des Agriturismo auszuprobieren. Zahlreiche Landgüter machen inzwischen mit. Einen intensiveren Einblick in die Region wird man nicht bekommen können.

Viele Tipps dazu bekommt man unter anderem unter **www.agriturismo.it**.

In den jeweiligen Kapiteln haben wir hilfreiche Tipps zur Übernachtung angegeben. Sehr hilfreich bei der Suche nach motorrad-freundlichen Unterkünften, auch über Italien hinaus, ist übrigens der Biker Betten Tourenplaner. Das Standardwerk mit über 800 Adressen gibt es kostenlos bei unzähligen Motorradhändlern. Eine Übersicht der Katalog-Stützpunkte gibt es im Internet unter **www.bikerbetten.de**. Dort lassen sich übrigens auch online Unterkünfte suchen und weitere Motorrad-Reiseführer ordern.

Kleiner **Sprachführer**

Für eure Motorradreise nach Italien sind hier die wichtigsten Begriffe und Redewendungen zusammengestellt.

Hinweise zur Aussprache | Sonderzeichen:

c	vor e und i wie tsch, sonst wie k Bsp. ciao (hallo); come (wie)
g	vor e und i wie dsch, sonst wie g Bsp. viaggio (Reise); grazie (danke)
ch	wie k Bsp. che (was)
gh	wie g Bsp. funghi (Pilze)
sce	wie sch Bsp. lasciare (lassen)
sch	wie sk Bsp.: pesche (Pfirsiche)

VERSTÄNDIGUNG

ja / nein	si / no
was / wann / wo / hier	che cosa / quando / dove / qui
Sprechen Sie Deutsch?	Parla tedesco?
Haben Sie mich verstanden?	Ha capito?
Ich habe verstanden.	Ho capito.
Ich habe das nicht verstanden.	Non l‘ho capito.

BEGRÜSSUNG | VERABSCHIEDUNG

Hallo	Ciao
Guten Tag / Abend	Buongiorno / Buona sera
Wie geht es Dir / Ihnen?	Come sta / stai?
Danke, gut. Und Dir / Ihnen?	Bene, grazie. E Lei / tu?
Auf Wiedersehen / tschüs	Arrivederci / Ciao

KENNENLERNEN

Ich heiße…	Mi chiamo…
Wie heißt Du / heißen Sie?	Come si chiama / ti chiami?
Woher kommst kommen Sie/Du?	Di dov‘è / dove sei?
Ich komme aus Deutschland / Österreich / der Schweiz	Vengo dalla Germania / dall‘Austria / dalla Svizzera

HÖFLICHKEIT

Bitte	Per favore! Oder auch „Prego" (als Antwort auf „Danke")
Vielen Dank(e)	Grazie (mille)
Könnten Sie mir bitte helfen?	Mi potrebbe aiutare, per favore?
Entschuldigen Sie!	Scusi!
Das tut mir leid!	Mi dispiace!
Das macht nichts!	Non fa niente!

NOTRUFNUMMERN IN ITALIEN (generell: 112)

113 (Polizei) | 115 (Feuerwehr) | 116 (Pannenhilfe) | 118 (Rettungswagen)

UNTERKUNFT

Wo ist die Touristeninformation?	Dov'è l'ufficio turistico?
Können Sie mir ein gutes Hotel / preiswertes Hotel / eine Pension empfehlen?	Mi potrebbe consigliare un buon albergo / un albergo economico / una pensione / alloggi privati?
Wie komme ich dorthin?	Come ci si arriva?
Haben Sie ein Einzelzimmer / Doppelzimmer frei?	Avete una singola / doppia libera?
Wie viel kostet es?	Quanto costa?
Ich nehme es!	La prendo!

WETTER

Was sagt der Wetterbericht?	Cosa dicono le previsioni del tempo?
Es wird schön / warm / heiß / schwül / kalt / schlecht	Farà bello / caldo / molto caldo afoso / freddo / brutto.
Es wird regnen	Pioverà!
Es wird ein Gewitter kommen	Ci sarà un temporale.
Sonne	il sole

RUND UMS BIKEN

Anlasser	il motorino d'avviamento	Öl	l'olio
Auspuff	lo scappamento	Parkplatz	il parcheggio
Ersatzteil	il pezzo di ricambio	Reifen	la gomma
Führerschein	la patente	Reifendruck	la pressione delle gomma
Grenze	la frontiera	Schlüssel	la chiave
Zoll	la dogana	Straße	la strada
Helm	il casco	links / rechts / geradeaus	a sinistra / a destra / diritto
Kreuzung	l´incrocio	ziemlich weit	abbastanza lontano
Licht	la luce	nicht weit	non lontano
Maut	il pedaggio	zurück	indietro

FÄHRE

Wann fährt die nächste Fähre nach...ab?	Quando parte il prossimo traghetto per...?
Wie lange dauert die Überfahrt nach...?	Quanto dura la traversato fino a...?
Wann legen wir in...an?	Quando sbarchiamo a...?

UNTERWEGS

Entschuldigung, wo ist...?	Scusi, dov'è...?
Wie komme ich zu / nach...?	Come si arriva a... ?
Können Sie mir das bitte auf der Karte zeigen?	Mi potrebbe mostrarlo sulla mappa per favore?
Wie viele Minuten mit dem Motorrad?	Quanti minuti si impiega in moto?
Ist das die Straße nach...?	È questa la strada per ...?
Wie komme ich zur Autobahn?	Come posso raggiungere l'autostrada?
Wo kann ich mein Motorrad abstellen?	Dove posso parcheggiare la mia moto?
Wie hoch ist die Gebühr für ein Motorrad?	Quant´è la tassa per la moto?

ESSEN UND TRINKEN

essen / trinken	mangiare / bere
Wo gibt es hier ein preiswertes / typisches Restaurant?	Scusi, c'è un ristorante non troppo caro / tipico?
Einen Tisch für ... Personen bitte!	Un tavolo per...persone, per favore!
Die Speisekarte bitte!	Mi porta il menù, per favore?
Kann ich noch etwas zu essen bekommen?	É ancora possibile mangiare?
Ich möchte nur etwas trinken.	Vorrei soltanto bere qualcosa.
Suppe	minestra
kalte Vorspeisen	antipasti
Fleischgerichte	carni
Fisch	pesce
Gemüse	verdura
Beilagen	contorni
Käse	formaggi
Getränke	bevande
Brot	pane
Bier	birra
Rotwein / Weißwein	vino rosso / vino bianco
Kaffee	caffè
Wasser (mit / ohne Mineralwasser)	acqua minerale (frizzante / liscia)
Tasse	una tazza
Glas	un bicchiere
Teller	il piatto
Messer / Gabel / Löffel	il coltello / la forchetta / il cucchiaio

Schüssel	bacinella
Flasche	la bottiglia
Die Rechnung bitte	Il conto, per favore.
Frühstück / Mittagessen / Abendessen	la colazione / il pranzo / la cena
bestellen	ordinare
bezahlen	pagare

RUND UM DIE PANNE / DEN UNFALL

Bitte helfen Sie mir!	Mi puo aiutare per favore
Ich habe kein Benzin mehr	Non ho più benzina.
Wo ist die nächste Tankstelle?	Dov'è il distributore più vicino?
Ich habe eine Reifenpanne.	Ho bucato.
Ich habe eine Motorpanne.	Ho un guasto al motore.
Die Batterie ist leer.	La batteria é scarica.
kaputt	guasto/ rotto
Wie teuer wird die Reparatur ungefähr sein?	Quanto costerà all'incirca la riparazione?
Machen Sie bitte nur das Nötigste!	Si prega di fornire solo il minimo indispensabile.
Wann ist es fertig?	Per quando sarà pronta?
Wo ist die nächste Werkstatt?	Dov´è il garage più vicino?
Es ist nicht meine Schuld!	Non è colpa mia!
Ich hatte Vorfahrt!	Avevo la precedenza!
Sie sind zu schnell gefahren!	Lei andava troppo veloce!
Sie haben zu wenig Sicherheitsabstand gehalten!	Lei non ha rispettato la distanza di sicurezza!
Zeuge	testimone
Es ist ein Unfall passiert!	C'è stato un incidente!
… Personen sind (schwer) verletzt.	…persone sono rimaste (gravemente) ferite!
Rufen Sie bitte schnell die Polizei / die Feuerwehr / einen Krankenwagen!	Presto, chiami la polizia / i vigili del fuoco / un'ambulanza!
Ich bestehe darauf, die Polizei zu rufen!	Vorrei chiamare la polizia!

GRUNDZAHLEN

0	zero	10	dieci	30	trenta
1	uno	11	undici	40	quaranta
2	due	12	dodici	50	cinquanta
3	tre	13	tredici	60	sessanta
4	quattro	14	quattordici	70	settanta
5	cinque	15	quindici	80	ottanta
6	sei	16	sedici	90	novanta
7	sette	17	diciassette	100	cento
8	otto	18	diciotto	200	duecento
9	nove	19	diciannove	1000	mille / mila
		20	venti	2000	duemila

DOLOMITEN TRENTINO GARDASEE

Die meisten Motorradfahrer bekommen sofort das gewisse Leuchten in den Augen, sobald sie von diesen Begriffen hören – schließlich verbindet man mit ihnen Spaß mit dem Motorrad auf traumhaften Bergstrecken, herausfordernden Serpentinen, beeindruckenden Gebirgspässen und in großartigen Landschaften. Nur wenige Ecken Europas präsentieren so viele Highlights derart geballt wie diese ganz im Norden des italienischen Stiefels. Aber es sind nicht nur die fantastischen Motorradstrecken, die einen locken: Auch das kulturelle Angebot ist beinahe unvergleichlich.

Zehn ausführlich beschriebene Motorradtouren zum Nachfahren für einen Kurztrip oder die längere Reise mit:

- vielen Insidertipps des Autoren
- ausführlichem Kartenmaterial mit eingezeichneter Route
- praktischen Hinweisen zu Streckenlänge, Etappen, Charakteristik und den beliebtesten Attraktionen – nicht nur für Motorradfans
- Hotels, die sich auf Motorradfahrende Gäste freuen
- GPS-Daten zum Download.

ISBN 978-3-937063-41-6 EUR 22,95

ISBN 978-3-937063-36-2 EUR 22,95

FRANZÖSISCHE ALPEN

In eurem Motorradurlaub möchtet Ihr euch so richtig schwindelig fahren? Dann seid Ihr in dieser Region mehr als perfekt aufgehoben. Ganz egal, wohin man von einer schmalen Départementstraße in die nächste abbiegt:

Hinter jeder Ecke warten berauschende Kurven, griffiger Asphalt und einzigartige Naturspektakel.

Hinzu kommen einige der höchsten befahrbaren Straßenpässe Europas sowie die legendäre Alpenstraße Route des Grandes Alpes.

Zehn ausführlich beschriebene Motorradtouren zum Nachfahren für einen Kurztrip oder die längere Reise mit:

- vielen Insidertipps des Autoren
- ausführlichem Kartenmaterial mit eingezeichneter Route
- praktischen Hinweisen zu Streckenlänge, Etappen, Charakteristik und den beliebtesten Attraktionen – nicht nur für Motorradfans
- Hotels, die sich auf Motorradfahrende Gäste freuen
- GPS-Daten zum Download.

ISBN 978-3-937063-37-9 EUR 22,95

KROATIEN

Die blau-schimmernde Adria ist schon seit Jahrzehnten einer der Sehnsuchtsorte deutscher Urlauber. Mittlerweile hat sich herumgesprochen, dass Kroatien auch ein mehr als perfektes Bike-Revier bietet.

So kann man von der Jadranska Magistrale, der noch zu Titos Zeiten angelegten Küstenstraße, auf fast 1.000 Kilometern von Norden nach Süden cruisen – gerne mit Inselhopping auf die eine oder andere der angeblich mehr als 1.000 Eilande des Landes. Dazu kommt das spannende Hinterland mit grandiosen Serpentinenstraßen und spektakulären Nationalparks.

Zehn ausführlich beschriebene Motorradtouren zum Nachfahren für einen Kurztrip oder die längere Reise mit:

- vielen Insidertipps des Autoren
- ausführlichem Kartenmaterial mit eingezeichneter Route
- praktischen Hinweisen zu Streckenlänge, Etappen, Charakteristik und den beliebtesten Attraktionen – nicht nur für Motorradfans
- Hotels, die sich auf Motorradfahrende Gäste freuen
- GPS-Daten zum Download.

SLOWENIEN

Das kleine Land an der Schnittstelle von Alpen und Adria wird von Motorradreisenden meist schmählich ignoriert. Wenn überhaupt nutzt man es als Transitstrecke auf dem weiteren Weg gen Süden. Dies ist ein großer Fehler!

Mit seiner landschaftlichen Vielfalt muss sich Slowenien vor seinen größeren Nachbarn keinesfalls verstecken. Zu entdecken sind nicht nur wilde Flusslandschaften, sondern auch tolle Passstraßen: Achterbahnfahren ist im Vergleich dazu ein Kinderspiel.

Zehn ausführlich beschriebene Motorradtouren zum Nachfahren für den Wochenendausflug oder die längere Reise mit:

- vielen Insidertipps des Autoren
- ausführlichem Kartenmaterial mit eingezeichneter Route
- praktischen Hinweisen zu Streckenlänge, Etappen, Charakteristik und den beliebtesten Attraktionen – nicht nur für Motorradfans
- Hotels, die sich auf Motorradfahrende Gäste freuen
- GPS-Daten zum Download

ISBN 978-3-937063-36-2 EUR 22,95

1. Auflage Januar 2018 | © 2018

HERAUSGEBER

TVV Touristik-Verlag GmbH | Werner Henschel Str. 2 | D-34233 Fuldatal-Ihringshausen
Tel.: +49 - (0) 561/400 85 - 0 | Fax: +49 - (0) 561/400 85 - 21
info@bikerbetten.de | www.bikerbetten.de

Vertretungsberechtigter Geschäftsführer: Peter Schmitz
Registergericht: Kassel | Registernummer: 13254
Umsatzsteuer-Identifikationsnummer gemäß § 27 a Umsatzsteuergesetz: DE813611060

REDAKTION Hans Michael Engelke, www.engelke.tv

FOTOS Angelika und Hans Michael Engelke, www.engelke.tv

UMSCHLAGGESTALTUNG TVV Touristik-Verlag GmbH

KARTENBASIS © Kunth Verlag GmbH & Co. KG

ROUTEN Hans Michael Engelke, www.engelke.tv

PRODUKTION MoTourMedia, Wuppertal

LEKTORAT Text-o-Pix, Wuppertal

DRUCK UND WEITERVERARBEITUNG Silber Druck oHG, 34266 Niestetal

Die GPS-Daten gibt es zum kostenlosen Download auf **bikerbetten.de**

Alle Angaben dieses Werks wurden von dem Autor sorgfältig recherchiert.
Für die Richtigkeit der Angaben kann jedoch keine Haftung übernommen werden.

ISBN 978-3-937063-48-5

WWW.BIKERBETTEN.DE